叢書 東アジアの近現代史 第4巻

ナショナリズムから見た韓国・北朝鮮近現代史

木宮正史

講談社

ナショナリズムから見た韓国・北朝鮮近現代史

はじめに

日本では、「韓国・北朝鮮ともにナショナリズムが強い」という言葉をよく聞く。そうであれば、ナショナリズムと朝鮮との結びつきはある意味では当然であり、あえて、朝鮮のナショナリズムを論じることの意味を再論する必要はないように思われるかもしれない。しかし、「朝鮮はナショナリズムが強い」という見方は、それほど自明ではない。

著者は、ある朝鮮近現代史研究者から「朝鮮のナショナリズムは日本のそれと比較して決して強いとは思わない。なぜ、こんなにも多くの人が国を棄て移民をするのか。日本はナショナリズムが元来強いからそれを強調する必要はない。しかし、朝鮮はナショナリズムが元来弱いからこそそれを強調せざるを得ないのではないか」と聞いたことがある。それ以来、日本と朝鮮のナショナリズムをどのように比較するのか、単に強弱という一次元的な尺度だけで比較できるのかも含めて考えてきた。

他方、朝鮮半島の地域研究者として、「朝鮮のナショナリズム」という大きな問題にいきなり取り組むよりも、その政治体制や政策過程を、一次史料を駆使することによって明らかにするという実証作業に取り組むことがまずは必要ではないかという問題意識を持った。したがって、政治・経済・外交の各領域において、日米韓を中心とする一次史料を開拓し駆使して、韓国の政治・経済・外交の歴史を分析する作業に取り組んできた。まだまだ、こうした研究が道半ばであることは十分に自覚している。

ちょうどその時、名古屋大学の池内敏先生を通して講談社から出版される『東アジアの近現代史』シリーズの一巻として、「ナショナリズムを切り口に二〇世紀以降の朝鮮半島の近現代史を書いてみないか」というお話をいただいた。著者は一九四五年以前の近代史の分野に関しては、それを専門的に研究しているわけではない。さらに四五年以後の北朝鮮に関しても一次史料に基づいた体系的な実証研究に取り組んできたわけでもない。したがって、果たして二〇世紀以後という広範な時代設定、朝鮮半島全体という地域設定に自らその任に堪えうるかという迷いがなかったわけではない。ただ、全体像を描くというよりも、ナショナリズムという切り口からの部分的な像を描くということであれば、何とかできるのではないかと考え直し引き受けることにした。

本書は、朝鮮半島の地域研究に取り組んだ時から持っていた朝鮮のナショナリズムをどのように見るのか、日本のナショナリズムと比較してどうなのか、という問題関心に取り組んだものでもある。結論を先取りして言うと、単純に強弱という一次元的な比較は難しく、もう少し質的な比較をしなければならないということである。日本のナショナリズムに関する研究はまたの機会に譲るとして、二〇世紀以後の朝鮮の近現代史の展開をナショナリズムという切り口を通して何とか描き通したということだけは言えるのではないか。

二〇一六年末から一七年にかけて、朴槿恵《パククネ》大統領の弾劾、罷免に至る韓国の政治的混乱、さらに慰安婦問題に起因する歴史問題の再燃に伴う日韓関係の悪化、そして、ある意味では常態化したとも言える北朝鮮の核ミサイル開発に起因した危機、そうした状況下で、一方で韓国や北朝鮮に対する日本社会の関心の高まりが見られる。それはそれで、悪いことではない。しかし、日本社会で流通する言説がどれほどの妥当性を持つのか。日本との間で起きている表面的な現象だけを取り上げて、「韓国は~だ」「北朝鮮は~だ」「朝鮮は~だ」という断定調の紋切り型の言説が支配的であるように思う。逆に韓国では「日本は~だ」という同様な言説が支配的である。そこでは相互理解を深めるための努力をする代わりに、それを放棄し「自分が正しく相手だけがおかしい」という思い込みに基づいて早急に恣意的な結論を導き出そうとしているように思う。日韓の間に身を置いてきた者として、こうした相互の決めつけによる理解の放棄という反知性主義的な風潮を何とか克服したいと考えてきた。にもかかわらず、依然として、日韓双方において、そうした「楽な理解」が支配するという「重たい現実」が横たわる。

本書を通して、そうした「楽な理解」ではない「しんどい理解」がいかに必要なのかということを理解してもらうことができたらと願うばかりである。

目次

第八章 朝鮮半島の統一とナショナリズム

第一章　ナショナリズムと朝鮮半島

ナショナリズムを切り口に朝鮮の近現代史を論じることにどのような意味があるのか。ナショナリズムは世界中で相当に普遍的に見られる現象であり、朝鮮半島、東アジアに限定されたものではない。したがって、朝鮮に即してナショナリズムを論じることは、そうした普遍的なナショナリズムが朝鮮にも存在するということを証明するという程度の意味はあるだろう。しかし、果たして、それだけか。朝鮮ナショナリズムを論じることには、何かしら特別な意味があるはずだろう。本書の目的は、ナショナリズムという切り口で朝鮮の近現代史を論じることによって、朝鮮近現代史に関する何らかの新たな知見を獲得することである。さらに、それを通して、ナショナリズムという現代世界を理解するための「必修問題」に関しても何らかの新たな知見を獲得することである。

但し、日本のナショナリズムについて論じることが日本の近現代史を全てカバーすることにはならないように、朝鮮ナショナリズムを論じることが、朝鮮近現代史の全てを論じ尽くすことにはならない。民衆史や社会史なども含めて、ナショナリズムに全てを回収されないような歴史が存在するからである。

以上の点を留保しつつも、ナショナリズムを切り口に朝鮮近現代史を論じることには重要な意味があると確信する。換言すれば、朝鮮近現代史を論じる切り口としては、ナショナリズムに焦点を当てることが最も有効な方法の一つである。これは、「朝鮮はナショナリズムが強い」と日常的な感覚をさらに突き詰めていくと、朝鮮ナショナリズムには、ナショナリズムの多面的な側面が潜在的にも顕在的にも現れるからである。したがって、朝鮮ナショナリズムを論じることが、ナショナリズムという概念が持つ多面性を摘出することになるのではないかと、自ら期待するからである。

朝鮮ナショナリズムの二つの「顔」：近代化ナショナリズムと対大国ナショナリズム

朝鮮ナショナリズムとは何を意味するのか。現在における朝鮮ナショナリズムとは次の二つの「顔」を持つ。「顔」というのは、代表的で象徴的なものではあるが、それが内容を全て表しているというわけではないということを意味する。したがって、「顔」に全て還元されるわけではない。

第一に、韓国と北朝鮮という二つの「国家」にほぼ七〇年近く分断された状況を克服して、統一を成し遂げ統一国家を形成するという意味での、「統一ナショナリズム」である。朝鮮民族は、自らの意思ではなく、冷戦という他律的な圧力によって南北に分断されたという認識に基づき、そうした不自然な状況を克服して一つの国家を構成しようとするものである。

では、こうした統一ナショナリズムは、一九四八年に韓国、北朝鮮という二つの分断国家が成立してから初めて出現したものであるのか。そうではなく、それ以前の米ソの分割占領期にも、統一国家をいかに実現するのかという強い要求が存在した。さらに、日本の植民地支配期においても、その支配に対抗するために、いかに広範な勢力を糾合するのかという課題に直面していた。そうした意味で、統一ナショナリズムは、いかに内部の分裂や対立を克服して強力な国家を建設するのかという課題の延長線上に位置づけられる。したがって、近代化をいかに達成して近代国家を建設するのか、そうした「近代化ナショナリズム」が、統一ナショナリズムの根底には存在する。

第二に、朝鮮半島が地政学的に日中ロという自らよりも「大国」によって包囲されており、さらに、そこに海洋国家でありグローバルな存在感を持つ米国も関与していることから、そうした大国によって包囲されている状況の中で、いかに独立国家としての自主性を確保するのかという、「対大国ナショナリズム」である。こうした対大国ナショナリズムは、朝鮮が抱える宿命的なものであり、特に一九世紀後半の「西洋の衝撃（The Western Impacts）」によって朝鮮がそれまでの中華秩序から抜け出て主権国家体系に編入される時点から持続する。

このように、朝鮮ナショナリズムは、いかに近代化を達成し国力を蓄えるのかを指向する近代化ナショナリズムと、地政学的に相対的な大国によって包囲される中でいかに独立、自主を確保するのかという対大国ナショナリズムという二つの「顔」を持ちながら、展開されてきた。そして、この二つの「顔」はもちろん相互に関連を持つ。近代化を達成し強力な国家を建設することによって初めて、周辺大国に伍して自主と独立を守ることができるからである。また、近代化を自力で達成することが望ましいが、実際には周辺大国の力を利用することによって近代化を達成する戦略の方が現実的である。但し、そうした戦略は、ともすれば大国への依存を強めてしまい、自主や独立とは背馳する危険性も内包する。

翻ってナショナリズムをめぐる既存の議論も、こうした二つの側面、一つは社会から国家がどのように形成されるのかという問題、もう一つは国際システムの中に国家としてどのように組み込まれるのかという問題をめぐって展開されてきた。その意味では、朝鮮ナショナリズムの、近代化ナショナリズムと対大国ナショナリズムという二つの「顔」は、ナショナリズムをめぐる既存の議論の延長戦上に位置づけられるものである。

ナショナリズムから見た朝鮮近現代史

朝鮮ナショナリズムの原型である、近代化ナショナリズムと対大国ナショナリズムという二つの「顔」は、一九世紀後半に成立したのだが、この二つの「顔」が表情を変化させながら、近現代史が展開された。但し、その表情というのは一つということではなく、多様な担い手が多様な表情を示したということになり、それを包み込むのが「ナショナリズム」という「外皮」になる。このように、ナショナリズムに焦点を当てて朝鮮近現代史を論じることによって、どのような点で新たな知見を獲得できるのか。

第一に、多様で豊富な内容を持つナショナリズムに焦点を当て朝鮮近現代史を論じることによって、とかく「民族主義」の正統性をめぐる政治的闘争、言い換えれば、対立する相手側を「反・民族主義」の名の下に批判し合う「不毛の対立」を止揚することが可能となる。ナショナリズム、もしくは、それとほぼ同義の訳語である「民族主義」は、政治的に「真正な」「正しい」などの形容詞付きで論じられることが多い。逆の場合には「反・民族主義」であるとして批判されることになる。一九一〇年から四五年までの朝鮮近現代史は、「日本の植民地支配とそれに抵抗する独立運動の歴史」として語られることが多かった。そして、日本の植民地支配に協力した側とそれに抵抗した側とに色分けされ、朝鮮ナショナリズムの担い手は後者によってほぼ独占されたと解釈されてきた。

しかし、本書では、日本の植民地支配に積極的に抵抗しなかったので「反・民族主義」であったとは考えない。むしろ、日本の植民地支配に積極的に抵抗しなかった勢力も、近代化ナショナリズムと対大国ナショナリズムという要素を持つ限り、ナショナリズムの一類型だと考えるからである。例えば、日本の植民地支配に協力することで自らの力を蓄え、それを来るべき朝鮮の独立に備えようという指向を持つ勢力も存在した。その意味で、同時期の朝鮮ナショナリズムを全て「抗日」ナショナリズムに還元することはできない。また、後述するように、「抗日」ナショナリズムと一言で言っても、運動の方法や理念、さらには独立後の国家理念をめぐる左右の対立が存在しており一様ではなかった。

このように、ナショナリズムを豊富な内容を持つものとして再論することにより、即時政治的独立を指向する抵抗ナショナリズムという狭義のものだけではなく、多様な指向を内包する政治的社会的文化的な営みを、ナショナリズムという枠の中で分析することが可能となる。

第二に、南北分断以後、韓国と北朝鮮の政治が全く異なる指導者と体制下において展開されたことに起因して、韓国現代史と北朝鮮現代史とに分けて論じられる傾向にあった朝鮮現代史を、ナショナリズムに焦点を当てることによって統合的に理解することが可能となる。韓国、北朝鮮ともに、大体一九九〇年くらいまでは、相手国の体制や実績を念頭に置きながら、相互に排他的な優位や正統性を指向し競争してきた。したがって、韓国現代史、北朝鮮現代史が別々にあり、その二つの「合計」が朝鮮現代史を構成するわけではない。その二つの間の関係までを含めたダイナミズムが朝鮮現代史を構成するのである。

では、そうした統合的な理解のために、なぜナショナリズムを切り口とすることが有効であるのか。韓国、北朝鮮は冷戦体制下の分断国家同士であるために、政治体制や政策選択など対照的であり、なかなか共通点を探すことは難しい。そうした中で韓国、北朝鮮が共有する数少ないものの一つが統一ナショナリズムであった。自らが主導して統一国家を建設するという目標を、少なくとも一九九〇年までの冷戦期には、韓国、北朝鮮は共有していた。そうした目標の共有があったからこそ、統一をめぐる南北競争が展開されたのである。

ところが、一九九〇年以後、北朝鮮が統一ナショナリズムを実質的に放棄することによって、そうした目標の共有という条件が失われたことが、今日における朝鮮半島をめぐる国際政治をより一層複雑にしている。したがって、九〇年までの冷戦期において、統一ナショナリズムの共有を前提とした対称的な南北体制競争として、朝鮮近現代史を再論したうえで、それが九〇年代以後のポスト冷戦期に入って、ゲームのルールを共有できない非対称な南北関係に変質したことを、ナショナリズムに焦点を当てることによって初めて明らかにすることができる。

第三に、一九一〇年の日本による植民地支配、四五年の植民地支配からの解放、四八年の大韓民国（韓国）と朝鮮民主主義人民共和国（北朝鮮）の建国と、強い断絶が存在するために、断絶的に理解されることの多い朝鮮近現代史を、その連続性、一貫性を重視して理解するために、ナショナリズムに焦点を当てることが有効である。韓国では革命やクーデタなどの超法規的な政治変動を何度か経験した。また、朝鮮半島を制約した冷戦の終焉に伴う、冷戦期とポスト冷戦期というのも重大な画期である。このような現実を反映したためであるのか、現代史を断絶の繰り返しとして理解する断絶的な現代史理解が支配的である。しかし、そうした断絶的な歴史理解では、朝鮮半島全体の現代史理解には限界がある。断絶を乗り越える時間的な一貫性のある現代史理解のためには、ナショナリズムに焦点を当てることが有効である。ナショナリズムに焦点を当て、それがどのように持続したのか、逆に、どのように変動したのかを見ることが、断絶を超えた朝鮮近現代史理解に一役買うことになる。

しかし、ナショナリズムという観点から朝鮮近現代史を論じることの限界も指摘しておく必要がある。朝鮮近現代史は、一国史観では理解され難い「国際政治の縮図」とでも言うべきものであり、それを語ることが「東アジア国際関係史」とほぼ同義だと言っても過言ではない。

例えば、日本の朝鮮植民地支配に至る過程は、朝鮮をめぐる日本と中国、ロシアとの対立の過程でもある。決して、日本と朝鮮だけの二国間関係で説明することはできない。同様に、日本の朝鮮植民地支配は、中国東北部をめぐる日本の政策と密接な関連を持って展開された。一九三〇年代に入ると、朝鮮は中国東北部をめぐる日中戦争における兵站基地としての役割を果たすことになり、日本の朝鮮植民地支配も、日中関係の影響を直接的に受けることになる。こうした東アジア国際関係史における日本と朝鮮との関係は、日本帝国主義と、それに対する朝鮮の抗日独立運動との対峙という図式には還元されないものであり、朝鮮ナショナリズムだけで論じることはできない。日本の帝国主義が日本の意図通りに貫徹されたわけではなく、東アジア国際関係に制約されたものであったし、日本の植民地支配への朝鮮民族の対応も必ずしも一様ではなかったからである。その意味で、「日本帝国主義」対「朝鮮の抗日民族主義」という図式は、同時代における朝鮮近代史の一局面でしかない。

こうした図式は、独立後の韓国および北朝鮮の現代史理解にも同様に当てはまる。何よりも、南北分断体制はグローバルな米ソ、米中冷戦の重大な制約下において形成され維持されたものであり、冷戦史の理解を抜きに韓国現代史も北朝鮮現代史も語ることはできない。また、韓国、北朝鮮の政治や経済の歴史的展開に関しても、韓国にとっては日米との関係、北朝鮮にとっては中ソとの関係が、それぞれの国内政治にも重大な影響を及ぼしたわけで、韓国現代史を対日米関係抜きで、北朝鮮現代史を対中ソ関係抜きで語ることはできない。

例えば、韓国軍の作戦統制権を駐韓米軍司令官が掌握していたことを考慮すると、一九六一年の五・一六軍事クーデタや八〇年の五・一八光州《クァンジュ》民衆抗争は、米韓関係を抜きにして語ることはできない。また、北朝鮮における金日成《キムイルソン》独裁体制の確立過程に重大な影響を及ぼした五六年の八月宗派事件は、北朝鮮と中ソとの関係が重要な要因となったものである。以上のように、韓国、北朝鮮のそれぞれの現代史理解に関しても、ナショナリズムに焦点を当てた一国史観では限界がある。

ナショナリズムに焦点を当てると、一国史、ナショナル・ヒストリーになるということは、一見自明のように思われるかもしれない。しかし、各国の相異なるナショナリズムが相互接触を通して変容する過程を明らかにすることができれば、ナショナリズムに焦点を当てながらも、一国史観に制約されるのではなく、むしろ、グローバル・ヒストリーの可能性を切り開くことも可能である。朝鮮は、帝国主義の時代にしろ、冷戦期にしろ、さらには中国の大国化による東アジアのパワーシフトの時代にしろ、一方で、そうしたグローバル政治による強力な制約を受けてきた。自国だけで切り開くことができる選択の幅は非常に限られていた。しかし、他方で、「歴史の客体」に甘んじてきたわけでは決してなかった。そうした強力な制約に対して、それを受け止めながらも、場合によってはそれを利用しながら、歴史を形成する重要な主体としての役割を果たしてきた。本書は、朝鮮ナショナリズムに焦点を当てながらも、一国史観に基づくナショナル・ヒストリーとしての朝鮮近現代史としてではなく、グローバル・ヒストリーとして朝鮮近現代史を模索する。

朝鮮ナショナリズムから見たナショナリズム論

朝鮮ナショナリズムを解明するのに、ナショナリズムをめぐる既存の議論がどの程度有効なのか、逆に、どのような限界を持つのかを検討する。

ナショナリズムをめぐる近年の議論の核心は、ナショナリズムが自明のものではなく、「創り出されるもの」であるということを明らかにし、それがどのように「創り出された」のか、そのメカニズムを解明した点にある。日韓両国双方に関して、「単一民族の神話」があり、「民族＝国家」という図式がある程度定着していたが、それが自明なものであったのかという疑問が提起されている。そうした意味で、朝鮮ナショナリズムも自明のものとしてあったわけではなく、「創り出されたもの」であるという点を明らかにしたという点で、ナショナリズムをめぐる既存の議論は重要な貢献を果たしたと言える。

この問題を日本との比較で考えてみよう。日本の場合、江戸時代の封建体制に基づく非常に分権的な幕藩体制が、明治維新を境として、天皇制を軸としたナショナリズムに基づく中央集権的体制を備えた近代国家へと変貌した。この事例は、ナショナリズムが元来あった自明のものではなく「創り出されるもの」であることを示す典型例の一つと言えるかもしれない。

しかし、朝鮮の場合は、それほど単純ではない。近代以前の朝鮮朝は、日本の幕藩体制に比べるとはるかに中央集権的な体制であった。その意味で、「自らは朝鮮王朝（李朝）の臣民である」という意味での、明確なナショナリズムは存在していた。但し、王権が絶対的に強かったかどうかは疑問である。中央―地方関係において中央が圧倒的に強かったことは確かだが、中央政府において国王に権力が集中していたというよりも国王を取り巻く貴族の権力が相対的に強かったという側面があり、中央集権的な近代的主権国家を形成するほどの強力なナショナリズムが存在したわけではなかった。

さらに、朝鮮は中華秩序に基づく朝貢体制に深く組み込まれていた。したがって、主権の絶対性に基づく主権国家として存在したわけではない。一九世紀後半、「西洋の衝撃」に触発され朝鮮ナショナリズムが台頭したが、その「衛正斥邪《ウィジョンチョクサ》」（正しいものを守り、邪悪なものを排斥する）という儒教の伝統を基準とする考えは、中華秩序に代表される儒教に基づく文化的な正統性を維持しようとするものであり、朝鮮という国家の利益を保持するという政治的ナショナリズムとは異質なものであった。

以上のように、「ナショナリズムらしきもの」が近代以前の朝鮮にも存在したことは確かではあるが、それはあくまで「らしきもの」であり、近代的な意味でのナショナリズムとは言い難い。それを備えた主権国家としての体裁を整えたのは、朝鮮が中華秩序下の朝鮮から、「西洋の衝撃」によって触発され、もしくは否応なく追い込まれて、主権国家システム（ウェストファリアシステム）に組み込まれるようになったからである。その意味で、朝鮮ナショナリズムは、社会から国家が形成されるという意味での「内発的側面」だけでなく、国際システムに組み込まれることによって国家が形成されるという意味での「外発的側面」が強かったと言えるのではないか。

欧米起源のナショナリズム論は、たとえ欧米のみならずアジアを始めとする非欧米地域にまで、その対象を拡大したとしても、依然として、社会からいかに国家が形成されるのかという内発的なナショナリズムに焦点が当てられる。しかし、朝鮮の場合、それだけでなく、主権国家体系にいかに組み込まれるのかという観点からの外発的なナショナリズムという側面がより強調されるべきだと考える。したがって、依然として、欧米起源のナショナリズムをめぐる議論との間には乖離が存在する。

朝鮮ナショナリズムの「古さ」と「新しさ」

では、朝鮮のナショナリズムをめぐる議論を、欧米起源のナショナリズムの一つの逸脱例として位置づけるべきであるのか。そうするべきではないと考える。元来、ナショナリズムには、即自的な部分と対自的な部分という二重的なものによって構成される。社会から国家が形成されるというのは即自的な側面が強いが、国際システムに組み込まれて主権国家として認識されるというのは対自的な側面が強い。朝鮮のナショナリズムは、即自的な部分が先行し、その後、明確な時差を伴って対自的な部分が加わったと見るべきだろう。こうしたプロセスは、確かに欧米先進国のナショナリズムを基準として考えると、異質なものであると考えられる。しかし、ナショナリズムの持つ二重性を前提とすると、そうしたナショナリズムがどのようなプロセスを経て形成されるのか、そのプロセスには複数の変種が存在し、その違いを考慮に入れるべきであるとすると、朝鮮ナショナリズムの事例は、単なる逸脱例としてではなく、一つの類型として、既存のナショナリズムをめぐる議論に新たに加えられるべき知見として十分に考察対象にされるべきものである。

　さらに、その契機になったのは、中華秩序というアジアにおける旧秩序の一員から、主権国家体系という新秩序の一員へと、ある程度漸進的に進行しつつ、その意味では二重的な複合的アイデンティティを持ちながら展開された、「兩截體制《ヤンジョルチェジェ》」の過程であった。最終的には、一八九七年の「大韓帝国」の成立によって、主権国家体系という新秩序の一員になる過程が完成されたわけであるが、その直後、朝鮮は日本の「保護国化」を経て植民地化される過程を歩んだために、主権国家体系の一員としての朝鮮は非常に短い期間になってしまった。したがって、なぜ、朝鮮ナショナリズムの事例が、ナショナリズムをめぐる議論の中で正当に扱われなかったのかは、相応の理由があったと見るべきだろう。にもかかわらず、異なる国際秩序への移行過程がナショナリズムの形成と変化に及ぼす影響をいかに考えるべきか、という非常に重要な問題を、朝鮮ナショナリズムの事例は提供している。

　現在、移民を含めた多民族多文化国家であることが国家の国際的標準になりつつあり、民族と国家を一体化させることを歴史の原動力としてきた近代ナショナリズムの時代は、終焉を迎えつつあるように思われる。その後継の時代が、ナショナリズムが時代遅れになるという意味でポスト・ナショナリズムの時代に移行するのか、それとも、近代とは異なるが依然としてナショナリズムが歴史の原動力になるという意味で、ポスト・モダンのナショナリズムの時代に移行するのか、その先行きは不透明であるが、ともかく、近代ナショナリズムの時代が新たな別の時代に移行しつつあることだけは確かなようである。ところが、朝鮮半島は分断状況が持続し近代的な国民国家が実現されていないという意味で、近代ナショナリズムが未完であるために、それを完成させることが求められる。

したがって、朝鮮ナショナリズムには、ある種の「古さ」と「新しさ」が同居する。朝鮮ナショナリズムの持つ主要な二側面である、近代化ナショナリズムと対大国ナショナリズムの今日的形態である、統一ナショナリズムと抵抗ナショナリズムの系譜にも、「古さ」と「新しさ」が同居する。

統一ナショナリズムを「失地回復（irredentism）」として理解すれば、それは典型的な「古い」ナショナリズムである。なぜならば、それは、分断国家である韓国、北朝鮮が、それぞれ自ら排他的な正統性を主張し合い、軍事的手段であるかないかを問わず相手を「征服」し「失地を回復」することを通して十全な統一国家を建設することを意味するからである。

しかし、いかにして統一を達成するのかという方法の模索をめぐっては、従来の分断国家の統一とは異なる新たな方法を模索することが求められると言えるかもしれない。ベトナムのように、軍事的統一による可能性は現状では非常に稀薄であるし、何よりも正当化され難い。崩壊した北朝鮮の体制を韓国が吸収するという、ドイツ式の吸収統一の可能性は残されてはいるが、北朝鮮の現体制は当時の東ドイツほど脆弱ではなく、韓国の現体制は当時の西ドイツほど強靱ではない。また、そうした北朝鮮有事を待つだけの消極的な戦略だけではない、北朝鮮に働きかける積極的な戦略が、優位な力を持つ韓国には必要とされる。そのために「国家連合」「連邦国家」など、完全統一に至る中間段階を想定した統一戦略を構想する。北朝鮮という特殊で異質な体制を持つ国家といかに連合を組むのか、また、どのような連邦を構成するのかという課題に取り組む必要がある。そして、そうした「国家連合」や「連邦国家」におけるナショナリズムは、「新しい」ナショナリズムを想定しなければならない。

機会があれば、どんな犠牲を払ってでも早急に統一国家を希求するという、損益計算を超えるナショナリズムの「非合理性」を前提とすると、そうした中間段階を踏んだ漸進的な統一戦略というものが果たして意味があるのか、疑問符がつく。統一戦略は、損益計算に基づく洗練されたものであるべきではあるが、統一ナショナリズムは非合理で勢い任せになる可能性が高い。このように、統一戦略が統一ナショナリズムを統制できるものなのか。朝鮮の統一ナショナリズムには、ナショナリズムをめぐる従来の議論では提供され難い新たな「実験」が試されていると言っても過言ではない。

抵抗ナショナリズムについても同様に「古さ」と「新しさ」とが同居する。小国の対大国関係は、一方で勢力関係に基づき大国への「従属」を余儀なくされたり、大国に「便乗」したりすることはあるが、他方で大国からの自立を指向するという側面もある。そうした意味で大国に対する小国の抵抗ナショナリズムは遍在する。したがって、「古い」ナショナリズムである。

しかし、そうした小国としての韓国の立場が、大国とは言わないまでも少なくとも「中堅国(middle power)」としての立場に変容する。大国が軍事力を最終的な拠り所として、いざとなれば自国の歴史観、価値観、利益をごり押しする外交に躊躇しないのに対して、中堅国は、たとえ一定の力をもっていたとしても、「大国」のような一国主義は放棄し、「大国」が繰り広げる権力政治の舞台からは一歩身をひいて、「大国」外交に本来なじまない領域(たとえば多国間協力)においてこそ重要な影響力を行使する存在である。韓国はもはや小国ではなくなったわけで、小国時代の抵抗ナショナリズムを破棄し、「中堅国」としての相応のナショナリズムを持つことが要請される。しかし、小国時代の抵抗ナショナリズムが即座に廃棄されるのではなく、その機能が転換されたり変容されたりしながら持続する可能性もある。小国でなくなっても小国としての抵抗ナショナリズムを持ち続けることの是非はともかく、韓国のように、世界の政治経済における位相が短期間で大きく変容する中、小国ナショナリズムがどのように持続するのか、それとも変容を迫られるのか、こうした小国としての抵抗ナショナリズムの変容という新たな問題に直面する。その意味では、「新しさ」が求められるとも言える。

このように朝鮮ナショナリズム、特に、その現在形である、統一ナショナリズムと抵抗ナショナリズムは、一方で「古い」ナショナリズムを典型的に示すものである。したがって、ナショナリズムをめぐる既存の議論は朝鮮ナショナリズムを説明する有効な手段となり、逆に、朝鮮ナショナリズムは、ナショナリズムをめぐる既存の議論を補強する重要な役割を果たすことになる。しかし、もう一つ別の関係が存在する。それは、朝鮮ナショナリズムは、ナショナリズムをめぐる既存の議論では説明し切れないものを含み、したがって、それを論じることによって、ナショナリズム論における新たな地平を切り開き、ナショナリズム論をより豊富なものにしていくという可能性である。

対称的で対照的な南北のナショナリズム：ナショナリズムの近似比較

韓国と北朝鮮は、統一ナショナリズムにしても抵抗ナショナリズムにしても、それぞれを主体とし相互対称性から起因する類似のナショナリズムを共有しながらも、その後の対照的な選択に起因した異質なナショナリズムを分有することになる。換言すれば、韓国と北朝鮮のナショナリズムは、対称性に起因する類似性と、対照性に起因する異質性を、兼備する。

一九九〇年に至る冷戦期の韓国と北朝鮮の統一ナショナリズムは、排他的な正統性に基づく自国主導の統一を主張してきたという点で共有部分が多い。そして、韓国と北朝鮮との間での政治、経済、外交などの諸領域において南北の体制競争が展開されたわけだが、その過程において南北の力関係の優劣が劇的に変容した。政治、経済、外交という各領域における違いはあるものの、北朝鮮優位の状況下、北朝鮮主導の統一可能性が高かった状況から、南北の均衡状況下、南北の統一戦略が接近し対話が行われるようになった状況を経て、韓国優位の状況下、韓国主導の統一の可能性が高まる状況へと変容した。その変容が韓国ナショナリズム、北朝鮮ナショナリズムにも多大な影響を及ぼした。九〇年代以後、北朝鮮が実質的に統一を放棄したと考えられることから、韓国と北朝鮮との乖離は決定的になった。にもかかわらず、形式的にせよ統一ナショナリズムを韓国、北朝鮮双方とも掲げている状況は続いている。

但し、統一ナショナリズムを共有しながらも、統一に至る過程において韓国と北朝鮮との間には、単に相互の力の優劣に応じた積極策、消極策という戦略に違いが見られただけではない。特に一九七〇年代以後、南北分断体制という現状の相互承認と国際的承認を求めるところから出発するという「二つのコリア」政策を、韓国は選択したのに対して、北朝鮮は、南北分断体制の現状承認は「分断の固定化」であるとして受け入れず、連邦国家を成立させ、その国際的承認を求めるべきだという「一つのコリア」政策に固執した。このような韓国の「二つのコリア」、北朝鮮の「一つのコリア」という違いは、韓国と北朝鮮との対照的な選択であった。韓国、北朝鮮ともに、こうした対照的な選択を正当化するために、政府主導で上からのナショナリズムを動員することになる。ただ、それに対して、韓国では、下からのナショナリズムが異論として提起されることにもなる。

抵抗ナショナリズムという点でも、韓国と北朝鮮との類似性は、一九九〇年以前の冷戦期には顕著である。韓国は日米という「大国」と同盟もしくは協力関係にあり、中ソ対立がありながらも、北朝鮮にとって中ソは重要な同盟国であった。しかし、そうであるがゆえに、同盟関係にある大国との間でいかに「自立」を確保するのかという課題を、韓国、北朝鮮は共有した。こうした関係は、韓国が中ソとの国交正常化を達成する中で変容したが、それにもかかわらず、周囲を包囲する大国の中でいかに「自立」を確保するのかという課題には一貫性がある。

しかし、韓国の対日米関係と北朝鮮の対中ソ関係との間には対照的な側面も顕著であった。それは政策面において北朝鮮よりも韓国の方が、そうした大国との関係を利用することで自国の優れた政策実績を収めるという指向が強かったことに現れている。そして、そうした政策指向は、実際の体制実績にも反映された。南北体制競争において韓国が北朝鮮を逆転、さらには勝利を収めた要因は一義的には韓国自身の政策選択であったが、それと関連して、韓国が日米という同盟国や協力国の力をいかに有効に利用することができたのかも重要であった。

以上のような、朝鮮ナショナリズムにおける近代化ナショナリズムと対大国ナショナリズムという二側面を反映した、現在における韓国、北朝鮮の統一ナショナリズム、抵抗ナショナリズムは、相互の対称性に起因する類似性を共有しながらも、相互の政策選択の対照性に起因する違いを示す。このことが、ナショナリズムの近似比較の可能性を広げる。そうした意味で、朝鮮ナショナリズムは、ナショナリズムをめぐる議論をさらに活性化させ豊富なものにする可能性を内包する。

第二章

日本の植民地支配と朝鮮ナショナリズム（一八七五年～一九四五年）

「西洋の衝撃」と日中朝の対応

西洋諸国の東アジアへの「進出」に対してどのように対応するのかという問題意識から、朝鮮の近代ナショナリズムは触発された。それ以前においても、朝鮮は王朝国家として明確な政治的一体性を確保してきた。しかし、それは即自的なものであり、対自的なものであるとは言い難い。換言すれば、自らが朝鮮王朝の支配下に置かれているという認識は持っていたが、近代的な意味での国民としての意識を持っていたか、換言すれば、朝鮮自体が「国家」であり、そこで生活する人たちが「国民」としての意識を持っていたかは疑問である。それは対内的な意識としての側面であるが、朝鮮は、対外的にも主権国家体系に組み込まれていたわけではなかった。中国を中心とする中華秩序に組み込まれていたわけで、そうした意味では、近代的な意味での「主権国家」というわけではなかった。したがって、近代国家のメルクマールとも言える「国民」「主権」を備えていたとは言い難いからである。

ところが、一九世紀後半、西洋諸国が帝国主義国家として、中国のみならず朝鮮にも「開国」を迫ることになる。朝鮮王朝の当初の対応は「鎖国」の継続であり、「開国」の拒否である。「衛正斥邪」という儒教理念に基づき、西洋の文物や思想を「邪」、つまり「正しくないもの」として排斥し、「正しいもの」、つまり儒教の理念を守ろうとした。

同時期、「西洋の衝撃」に晒されたのは、中国、朝鮮、日本であったが、その帰結は対照的であった。中国は植民地にはされなかったが、結局、半植民地状況に追い込まれ、国内では内戦状況、そして、日本による侵略に直面した。それに対して、日本は、「西洋の衝撃」を克服して独立を守り、近代化を達成することで西洋列強と肩を並べる帝国主義国家になり、朝鮮を侵略、植民地とし、中国にも侵略戦争をしかけて「満州国」という「傀儡国家」を建国、さらに中国への侵略を続けた。朝鮮は、一八七〇年代までは、「衛正斥邪」に忠実に「鎖国」を守り抜くことに成功したが、それが却って自らの近代化の機会を遅らせることにつながり、結局、近代国家として独立を保持する前に隣国日本によって植民地化されてしまったのである。

一八五〇年代に「鎖国」を守り続けることができずに「開国」の選択を余儀なくされた日本に対して、朝鮮は同時期の日本よりも中央集権的な国家であったということもあり、七六年までは「鎖国」を守り中華秩序の中に居続けることができた。その意味では、同時期の日本と朝鮮とを比較すると、朝鮮の方が「強力」であったと見ることもできる。しかし、朝鮮を「開国」させたのは、いち早く開国をし、さらに中央集権化を急速に進め近代国家への脱皮を図った日本であったというのは、皮肉な結果であった。

この時期、朝鮮ナショナリズムは「衛正斥邪」という伝統を守る復古的なナショナリズムはあるが、近代的な開化ナショナリズムとしては、「反封建」と「反外勢」が軸になっていた。「反封建」というのは、国内に中央集権的で強力な国家をいかに建設するのかということであった。「反外勢」というのは、いかに外国に見下されないような尊厳ある地位を諸外国との関係で確保するのかということであった。朝鮮が中央集権的で強力な権力を基盤として、自主的に近代化とそれを通した強力な国家建設を進めることで、諸列強と肩を並べることが要請された。換言すれば、「反封建」を通して「反外勢」を達成することであった。

「反封建」＝近代化を自力で達成することが理想ではあったが、非常に困難であった。したがって、外勢の力を利用しつつ近代化を達成するというのが現実的であった。但し、ある特定の外国勢力との提携を強化し、その排他的影響下に置かれることは、結果的に独立を阻害する帰結をもたらすので、外勢間のバランスを保ちつつ、その力を利用するということが必要であった。朝鮮も、地理的に隣接する存在である日本、中国、ロシアが協力対象と目された。このうち、どの国家と協力するのかをめぐり、朝鮮国内では内部対立が存在し、さらに、朝鮮に対する影響力をめぐる三ヵ国間の対立も展開された。この結果、日清・日露戦争を経て、朝鮮は日本の保護国となり、ついに一九一〇年韓国併合条約によって朝鮮は日本によって植民地化された。

植民地化をめぐる日韓の歴史認識

このように、朝鮮ナショナリズムの二つの目標である「反封建」「反外勢」、換言すれば、近代化と独立という二つの課題は両立されなかった。では、その両立は元来困難であったのか、それとも両立の可能性はあったのか。両立されるための鍵は、日本と朝鮮との協力が握っていた。

日本と朝鮮が協力して近代化を共に達成することによって、近代国家として列強の侵略に対抗できるような国力を蓄えることで独立を維持するという構想であった。実際に、こうした構想を日本も朝鮮も部分的にではあるが共有した。当時から、日本にとっては朝鮮が敵対的な勢力の排他的な勢力圏下に置かれることは日本の安全保障にとって重大な脅威であると認識され、そのためには、朝鮮が敵対勢力の排他的な勢力圏に置かれないようにすることが重要であると考えられたからであった。しかし、日本にとって、日本がどんなに協力しても朝鮮に強力で自立的な国家が建設されることが困難だと認識した時、日本の安全保障のために日本自体が朝鮮を排他的な勢力圏下に置くことも辞さない、という姿勢へと変化した。

結果として、朝鮮ナショナリズムの二つの課題、近代化と独立を、日本自身が共に否定した。それから一世紀以上を経過した今日においても、日本と韓国、北朝鮮との間に横たわる歴史問題として、こうした歴史的経験は生きている。日本から見ると、日本の安全保障のためには朝鮮が中国であれ、ロシアであれ、ともかく他の敵対的な列強の勢力圏下に置かれることを何としても避けなければならず、そのために、日本は朝鮮の近代化のために協力してきたのだが、どうも、それが十分な成果が上がらず「期待外れ」の結果に終わってしまった。したがって、残された選択肢は日本自身による直接支配ということにならざるを得なかった。その意味では「やむを得ない」選択であったということになるのかもしれない。

しかし、朝鮮から見ると話は全く異なる。同じアジアの隣国として、日本を信頼し日本と協力して近代化と独立を達成することを目指したにもかかわらず、日本に「裏切られた」つまり、日本によって侵略され強制的に植民地にされたわけである。これ以後、この歴史的経験に起因して、韓国、北朝鮮では、「日本は、朝鮮を侵略したにもかかわらず、そうした歴史を反省しようともしない。だから日本は信頼できない」として、日本との間で歴史問題を生み出す。さらに、韓国は、日本との間で米国との同盟関係を共有するにもかかわらず、「国を奪われた」という、安全保障上、最も致命的な歴史的経験を持つために、国の死活問題である安全保障において日本とは協力し難いという、現在にも継承される韓国の姿勢を生み出すことになる。

日本の保護国化と植民地支配

今日における朝鮮ナショナリズムの直接的な歴史的起源の相当部分は、日本の植民地期にある。だからこそ、朝鮮ナショナリズムは「抗日」を基本とする。朝鮮ナショナリズムは、日本の植民地支配に抵抗するものとして出発したことになる。近代ナショナリズムを体現した大韓帝国が一八九七年に成立し、朝鮮は中華秩序から完全に抜け出して主権国家体系に組み込まれることになった。だからこそ、国号をそれまでの「朝鮮」から「大韓」に改め、さらに「帝国」を名乗ったわけである。そして、そうした国号の改正に至る過程で、朝鮮の近代化のための改革を国王主導で進めようとした。これは日本で言えば明治維新に相当するものであった。

しかし、こうした近代化に向けた改革は、十分な時間的余裕が与えられたわけではなかった。既に、朝鮮をめぐる日露の主導権争いがより一層激化しつつあり、中でも、朝鮮に対する日本の影響力が朝鮮の独立を脅かす程度に高まった。朝鮮をめぐる日露の対立に最終的に決着をつけたのが日露戦争であった。日露戦争の結果、朝鮮を排他的勢力圏下においた日本は、朝鮮（大韓帝国）との間で一九〇四年の第一次日韓協約を締結したのを皮切りに、朝鮮を保護国化するプロセスを開始した。このように、近代的主権国家としての大韓帝国は実質的には一〇年にも満たない寿命であった。

但し、日本の保護国化が必然的に植民地支配に帰結するわけではなかった。日本の対朝鮮政策を主導した伊藤博文は、日本が「公式的な帝国（formal empire）」になるよりも朝鮮を保護国（protectorate）という形態で「支配」した方が、日本の費用負担などの面で有利ではないかという考えであった。保護国化によって朝鮮に「親日」政権を維持させることで、低費用で日本の排他的な勢力圏を確保した方がよいと考えたからであった。言い換えれば「非公式帝国（informal empire）」であった。しかし、こうした構想は、保護国化に抵抗する朝鮮の抗日運動が義兵闘争という形で激化するという現実に直面した。朝鮮の人々から見れば、「保護国化」であることも「公式的植民地」になることも、日本に支配されるという意味では大差はなく、そうした状況を何としても脱して「独立」を維持するべきだと考えたからであった。その渦中で、一九〇九年、中国ハルビンで、前韓国統監であった伊藤博文が朝鮮の独立運動家、安重根《アンジュングン》(義士)によって殺害された。

そして、日本政府内部でも、朝鮮を「公式的植民地」として組み入れるべきだという強硬派が次第に台頭した。結局、「韓国併合条約」という条約形式をとったが、実質的に一九一〇年、日本は強制的に朝鮮を植民地支配に組み入れることを決めた。

日本の植民地支配と朝鮮ナショナリズムの展開

朝鮮では義兵闘争や愛国啓蒙運動という形で植民地化への抵抗が行われたが、結局、日本の圧倒的軍事力の前に独立を守ることはできなかった。その後、朝鮮内部における抵抗運動は政治的独立を公然と主張することが困難になり、海外に根拠地を移さざるを得なくなる。

第一次世界大戦後、米国のウッドロー・ウィルソン大統領が訴えた民族自決主義が世界的趨勢になる中、それに触発されて、朝鮮の独立を求める動きも活発になった。そうした抗日独立ナショナリズムが結実したのが、一九一九年の三・一独立宣言であり、それに基づく三・一独立運動であった。日本の支配からの政治的独立を朝鮮国内はもちろん国際社会にも訴えるものであった。しかし、その結末は、日本の植民地支配権力による無慈悲な弾圧であり、朝鮮の独立は完全に否定された。その後、抗日独立ナショナリズムは、思想、運動としては継続したが、その体制化、つまり政治的独立は、厳しい国際政治の現実の前に挫折を余儀なくされたのである。

一九一九年以降、朝鮮ナショナリズムは以下の三つの意味で分岐することになる。第一に、ロシア革命が成功、ソ連邦が成立し、社会主義が思想や運動のみならず体制化されることで多大な影響を受けたことである。そして、社会主義自体が、レーニンの『帝国主義論』などに触発されて、民族問題、具体的には、西洋の帝国主義に対する非西洋の被支配民族の民族独立運動への関心を示し、社会主義が反帝国主義という側面を兼備することで、民族独立に関する有力な思想、運動の基盤を提供するようになった。換言すれば、左派の抗日独立運動が出現することになった。ロシア革命の成功によって社会主義が体制化される以前にも、思想や運動として社会主義は朝鮮社会にも一定の影響力を持っていた。しかし、ロシア革命の成功は、社会主義の「宗主国」としてのソ連の地位を確立することで、左派、つまり社会主義を指向する民族解放運動により一層の力を付与することになった。

その結果、朝鮮ナショナリズムも社会主義としての独立を指向する、換言すれば、既存の社会経済構造の急進的な変革を伴った独立を指向する左派と、そうではなく反社会主義としての独立を指向する、換言すれば、既存の社会経済構造の急進的な変革を伴わないままでの独立を指向する右派との間で、その乖離が顕著になった。そして、抗日独立運動の主導権をめぐる左右の対立が、親ソの左派と親欧米の右派という図式で展開されるようになった。

第二に、三・一独立運動を契機として、日本の植民地支配は、いわゆる「文化政治」へと転換していったことに起因する影響である。それまで、朝鮮総督府は、朝鮮における抗日独立運動を一切許さず、強権的な弾圧を行うという「武断政治」を基本方針としていた。しかし、それが三・一独立運動を生むきっかけとなったという「反省」に基づき、被支配民族である朝鮮民族に対して、弾圧一辺倒ではなく懐柔という方法を通して一定の「活動空間」を付与することで、植民地支配を安定化することをねらったのが、「文化政治」であった。さらに、そうした政策の背景には、一九二〇年代に入って、日本の工業化や経済発展と共に、日本国内の食糧生産による供給が需要に追いつかなくなったので、食糧問題を解決するために朝鮮を日本の食糧供給基地として位置づける「産米増殖計画」があった。積極的に朝鮮を日本中心の国際分業体制の中に食糧供給基地として位置づけることで、経済的な動員を企図したものであった。

この結果、朝鮮ナショナリズムにも、それまでの抗日一辺倒のものから、新たな動きが現れた。近代化を達成して強国になることで、大国に対する劣勢を克服して独立を維持することを指向するのが「抗大国」ナショナリズムであるが、大国の協力を獲得し、それを利用して近代化を達成することによって、独立を達成もしくは維持することを指向するのが「用大国」ナショナリズムということになる。大国の力を利用しなければならないので、大国との良好な関係を構築することが必要となるが、場合によっては一時的にせよ大国による支配や統制に甘んじなければならないかもしれない。それに対して、「附大国」は、自国社会における自らの地位を上昇させるなどのために、自国に対する大国の支配を積極的に受け入れるというものであり、これは元来がナショナリズムとは相容れない指向である。したがって「用日」ナショナリズムは、日本の植民地支配への積極的な協力である「附日」とは異なり、日本の植民地権力との関係を相対的に良好に保ち、その力を利用し朝鮮の「自治能力」を高めることによって、来るべき独立の機会に備えるというものであった。即時独立は困難であると考え一旦は断念するという意味では「ナショナリズムの挫折」と見なければならないが、来るべき独立に備え、そのために日本の力を利用しようとするという意味では、「用日」ナショナリズムとして理解することも可能である。以上のように、「武断政治」から「文化政治」への日本の植民地支配の変容に伴い、朝鮮ナショナリズムに、それまでの「抗日」ナショナリズムとは区別される意味での「用日」ナショナリズムが、思想、運動として登場した。

日本の植民地支配下において、「用日」ナショナリズムを選択した人たちの方が「抗日」ナショナリズムを選択した人たちよりも、有利な状況に置かれたことは想像に難くない。当時の朝鮮社会において、経済的な富を蓄積し社会的な地位を上昇させるためには、日本の植民地権力と良好な関係を構築し、その権力を利用することが最も効果的であったからである。それに比べて「抗日」ナショナリズムは、朝鮮内部においては「地下に潜って」非合法な活動をするほかはなかった。

第三に、これは、「用日」ナショナリズムと「抗日」ナショナリズムという違いと重なるが、朝鮮内部、換言すれば、日本の植民地支配下におけるナショナリズムと、そこから外れる海外における「亡命」ナショナリズムという違いが現れるようになったことである。「亡命」ナショナリズムは朝鮮内部と連携を持っているわけだが、内部のナショナリズムの状況が、思想や運動としても次第に困難になっていく中で、亡命することによってナショナリズムを本格的に体現する政治勢力が出現するのは、ある意味では当然と言えば当然である。

こうした内部のナショナリズムと外部の「亡命」ナショナリズムとの間には、連携がありながらも乖離も存在した。内部のナショナリズムは、植民地支配という極度に制約された政治空間の中で活動せざるを得なかったため、ナショナリズムとしては不徹底なものになった。しかし、内部に基盤を持つことは重要であり、それは解放後、独立後にもある程度は有利な高地を提供した。

「亡命」ナショナリズムは、より徹底したナショナリズムを主張し即時の政治的独立を指向するためには、国外に出て実質的な亡命生活を送るのか、もしくは国境沿いにおいてゲリラ活動を展開するしかなかった。しかし、内部のナショナリズムが政治的制約のため不徹底な主張、換言すれば即時の政治的独立を留保した主張を展開せざるを得なかったのに対して、相対的にではあるが徹底したナショナリズムを維持することができた。但し、「亡命」というのは「客地」での活動であり、米国、中国、ソ連などの活動空間の状況の制約を免れなかった。米国は、そうした政治勢力を「国家」として承認することはしなかったし、中国では国共内戦の深刻な影響を受けた。ソ連では、日ソ中立条約を締結した一九四一年以後、ソ連領内における抗日活動が実質的には禁じられた。但し、結果的に見ると、こうした「抗日」ナショナリズムに基づく活動を行った政治指導者や政治勢力の方が、解放後の朝鮮半島の政治における正統性を持つ指導者としての地位を獲得することができた。

ナショナリズムにおける左派と右派・「抗日」と「用日」

左派は、コミンテルンという国際共産主義運動としてのヒエラルヒー組織があったため、それによる制約が強かった。したがって、左派ナショナリズムは国際共産主義というインターナショナリズムに包摂された。解放直後のことではあるが、米ソが合意した朝鮮に対する国際信託統治構想に対して、当初朝鮮内部の左派は受け入れを拒否した。しかし、モスクワからの指令によって一夜にして「賛託《チャンタク》（信託統治への賛成）」に転換した。こうしたコミンテルンの指示が必ずしも国内の事情に配慮したものではなかったために、内部の運動にも混乱が生じたこともあった。もし、左派が国際信託統治に反対していたら、米軍政下の南部朝鮮において左派が没落し右派が勢力を巻き返すことは、ある程度は抑えられたはずである。

それに対して、右派は、一九一九年に中国の上海で成立し、後に中国各地を転々としながらも最終的には四〇年重慶に移った大韓民国臨時政府が一つの拠点になったが、コミンテルンのような絶対的な存在ではなかった。したがって、中国に拠点を置く、金九《キムグ》中心の大韓民国臨時政府の勢力と、米国に拠点を置く李承晩《イスンマン》を中心とする勢力とは、右派ナショナリズムの主導権争いを国外において展開した。

そして、日本の敗戦後に朝鮮半島南部を分割占領した米軍政は、諸手を挙げてこうした「亡命」ナショナリズムを歓迎したわけではなかった。それは、そうした政治勢力を組織として帰国させるのではなく、あくまで政治指導者個人として帰国させたことにも現れている。米軍政としては、米軍政に代わる政治的実体を認めないという原則によるものでもあった。これは、米軍の上陸直後、中道左派の呂運亨《ヨウニョン》主導の「朝鮮人民共和国（人共《インゴン》）」の存在を認めなかったことにも現れた。したがって、右派は左派とは異なり、内部における統率がとれているわけではなくアナーキーな状況であった。さらに、それに拍車をかけたのが、内部に残っていた右派が、「用日」ナショナリズムの担い手であり、独立後の政治の担い手として十分な正統性を持つことができなかったことであった。

但し、左派ナショナリズムと右派ナショナリズムという違い、「抗日」ナショナリズムと「用日」ナショナリズムという違い、朝鮮の内部ナショナリズムと「亡命」ナショナリズムという違いが、政治的対立を必然的にもたらすわけではなかった。「抗日」という共通項を持っていた左右のナショナリズムは、両派を統合して一致団結しようという動きも見られた。その一つの頂点であったのが、一九二七年の新幹会《シンガンフェ》の結成であった。「用日」ナショナリズムとは完全に袂を分かった「抗日」ナショナリズム勢力の左右両派の統合を図ったのである。しかし、結果として、左右両派の統合は不完全なものに終わり、三一年、新幹会は左右対立に起因して解散を余儀なくされた。その後、解放直後の中道派主導の左右合作の試みの挫折も含めて、左右の「抗日」ナショナリズムはついに統合を達成することはできなかった。

日中戦争と大陸兵站基地としての朝鮮

一九三〇年代に入り、満州事変、日中戦争と、中国大陸への日本の侵略が顕著になるのに伴い、朝鮮も、それまでの食糧供給基地としての役割から、戦争遂行のための兵站基地としての役割を担うようになる。その結果、植民地としては非常に稀な事例ではあるが、相当程度の工業化が行われるようになる。通常の植民地は、農産物や鉱産物などの一次産品の生産と輸出に特化したモノカルチャー経済である場合が多いのだが、朝鮮の場合、三〇年代に入ると、日本の対中国侵略戦争の兵站基地としての役割を担わされるようになった。

日本は戦争や大陸経営に必要な資源を供給するために、朝鮮現地で本格的な工業化に取り組むようになり、朝鮮農民の一部は工場労働者として動員されるようになる。それと共に、それでも朝鮮内部において許容されていた政治空間がより一層狭められた。換言すれば、朝鮮内部においては、右派の「用日」ナショナリズムだけが存在を許容された。さらに、戦争遂行のための労働力として朝鮮の人たちが動員されたために、その「用日」という側面は限りなく「附日」に接近していくことになる。日本の戦争遂行のために容赦なく、また妥協の余地なく徹底的に動員され、それに従わないという選択は許容されなくなるのである。

それ以外の左右両派の抗日ナショナリズムは、それぞれの地域で存在意義を示そうとした。在ソ連の左派ナショナリズム勢力は、日ソ中立条約によって終戦直前までソ連の対日参戦が抑制されていたために目立った活動を許されなかった。在中国の左派ナショナリズムは中国共産党との協力関係にあったが、日本軍の圧倒的な軍事力の前にそれほど目立った役割を果たすことは難しかった。右派ナショナリズムは、主として中国と米国において活動した。在米右派ナショナリズム勢力は、ロビー活動を通して米国政府や社会に独立の承認を働きかける活動を行うという水準に留まった。唯一、在中国の右派ナショナリズムは、大韓民国臨時政府という「亡命」政権としての存在感を持ち、「光復軍」という軍事組織を持っていた。しかし、抗日戦争における存在感は非常に限定的なものであった。

朝鮮は、連合国、つまり「戦勝国」としての地位を与えられたわけではなく、「抗日」ナショナリズムは未完のまま日本の敗戦を迎えた。しかし、日本の敗戦と同時に米ソの分割占領が行われることが決まった。

日本の植民地支配からの解放後における朝鮮ナショナリズムの初期条件はどのようなものであったか。内部に残存した右派ナショナリズムは、そのほとんどが「用日」に傾斜したナショナリズムの持ち主であったために、解放後の朝鮮ナショナリズムの中心的な担い手になるのには当初から大きな限界があった。したがって、内部において、当初から主導権を握ったのは、「抗日」ナショナリズムを体現した左派もしくは中道派であった。しかし、米ソ分割占領が行われ米ソ冷戦が激化することによって、ソ連占領下の北部朝鮮では左派が、米軍政下の南部朝鮮では右派が、それぞれソ連、米国の後ろ盾を受けて主導権を掌握する。

しかも、それぞれの左派、右派は内部では弱体であったために、外部から注入された中国帰りやソ連帰りの左派、米国帰りや中国帰りの右派が中心的な役割を果たすことになった。ソ連占領下の北部朝鮮では、左派の「抗日」ナショナリズム勢力が、初期に主導権を掌握した。米軍政下の南部朝鮮では、右派の「抗日」ナショナリズム勢力が主導権を掌握し、右派の「用日」ナショナリズム勢力がそれを補強する役割を果たすことになる。このようにして、日本の植民地支配下で形成された、右派の「抗日」ナショナリズム、右派の「用日」ナショナリズム、左派ナショナリズムが、それぞれに割り当てられた役割を分担しながら対立するという構図が形成されるようになる。

第三章

冷戦体制下の分断・競争ナショナリズム：北朝鮮優位（一九四〇年代〜六〇年代）

本章では、一九四五年から七〇年までの、所謂、冷戦期の朝鮮ナショナリズムを、朝鮮全体と、韓国、北朝鮮とに分けて論じる。韓国と北朝鮮という分断国家が成立したのは、それぞれ四八年八月一五日、九月九日であるが、それ以前、四五年八月一五日の日本の敗戦以後、北緯三八度線を挟んで、以南を米国が、以北をソ連が、それぞれ分割占領し、南北分断が事実上開始されたことを考慮すると、四五年を新たな時期の始点と考えるのが合理的である。

では、なぜ一九七〇年を区切りとするのか。日米の対中政策が変容し米中接近や日中国交正常化などが七〇年代初頭に成立し、中国をめぐる国際関係が大きく変容した。その影響が朝鮮半島にももたらされ、七一年以降、南北対話が開始されることになる。さらに、韓国と北朝鮮の力関係が、それまでの北朝鮮優位から、七〇年代に入ると拮抗し、そして韓国優位へと変容したために、韓国、北朝鮮の統一・外交政策にも変化が生じた。したがって、四五年から七〇年までの時期は、グローバル冷戦体制の強力な制約下に置かれた南北分断状況において、北朝鮮の相対的優位の下で、韓国と北朝鮮が没交渉ながら激しい対立を展開した時期であった。

南北分断に至るナショナリズムの分裂と競争

朝鮮ナショナリズムは、植民地期、日本の植民地支配との関係をめぐって「用日」ナショナリズムと「抗日」ナショナリズムに既に分裂していた。また、当時、国際的な影響力を持つようになっていた共産主義にどのように対応するのかをめぐって、イデオロギー的にも左右対立という分裂の可能性を抱えていた。そのうえに、国際冷戦の萌芽が既に見られた米ソによる分割占領が行われることによって、朝鮮ナショナリズムは、民族統一を優先する一つの統一ナショナリズムに収斂するというよりも、共産主義イデオロギーに親和的な左派ナショナリズム、それに対して反共主義を掲げる右派ナショナリズム、そして、その両者の中間に位置し、あくまでその統合を指向する「左右合作中道」ナショナリズムに分裂し、遠心的に展開されることになる。それらは自らこそが朝鮮全体を代表する唯一の担い手であるという統一ナショナリズムを標榜しながら、相互に競争を展開することになった。

但し、こうしたナショナリズムが同一の出発点に位置づけられたわけではなかった。日本の植民地支配からの解放は、左派ナショナリズムの相対的優位を帰結したからである。右派ナショナリズムは植民地期における「用日」ナショナリズムとの親和性が高かった。右派ナショナリズムは、既存の社会秩序の劇的な変革を伴わないままでの独立を指向するものであり、植民地社会で相対的に高い地位を占めた人たちを担い手とした。植民地支配を利用して「民族の力量」を培養するためには、植民地権力との真っ向対決を回避する傾向にあった。例外的に、「亡命」し国外で抗日独立運動を展開した政治勢力が存在したが、彼らは国内的な基盤が脆弱であった。

それに対して、左派ナショナリズムは、植民地期に形成された社会秩序を劇的に変革する革命を伴った独立を指向した。その担い手は地下活動ではあったが植民地支配に抵抗した。植民地支配からの解放状況において、既存の社会秩序の変革、具体的には、日本の植民地支配に協力した勢力である「親日派」に対する処罰や地主小作制を打破する土地改革などに関する社会的要請が高かった。そうした課題に積極的に取り組んだのが中道勢力や左派勢力であり、それを支えたのが中道ナショナリズム、左派ナショナリズムであった。

一九四三年一一月のカイロ宣言によって、朝鮮は、日本の植民地支配からの解放後、適切な期間(in due course)国際信託統治を行った後に独立を付与することに、連合国は合意していた。ところが、四五年八月、目前に迫った日本の降伏にどのように対応するのかをめぐって、北緯三八度線を挟んで北部をソ連が、南部を米国が、分割占領することで米ソが急遽合意した。

ソ連占領下の北部朝鮮においては、いち早く親ソ的な政治勢力が主導権を確立することに成功したために、著しい政治的葛藤や混乱は見られなかった。それは、ソ連の占領政策に抵抗した政治勢力が、北緯三八度線を越えて米軍政下の南部朝鮮へ脱出する、つまり「越南《ウォルナム》」したからでもあった。それに対して、米軍政下の南部朝鮮における権力闘争では、ナショナリズムをどの政治勢力が先占するのかをめぐる競争が決定的な役割を果たした。

米英ソは、一九四五年一二月のモスクワ外相会議で国際信託統治を実施することに最終合意し、それを具体的に実施する準備作業のために組織された米ソ共同委員会がソウルで開催された。しかし、国際信託統治構想をめぐって、ソ連占領下の北部朝鮮では、ソ連の指示もあり、信託統治を受け入れることにほぼ全ての政治勢力が同意した。しかし、米軍政下の南部朝鮮においては、国際信託統治の受け入れを主張する左派および中道派に対して、右派勢力は、「国際信託統治は朝鮮の即時独立を否定するものであり、ソ連の陰謀である」と宣伝することで、国際信託統治に反対する「反託《パンタク》」運動を繰り広げた。

本来であれば、国際信託統治の実施に合意した米国は、その実施を米軍政下の諸政治勢力に従わせるように説得する必要があった。一部では、そうした方針にしたがって、国際信託統治の受け入れに同意する左右両派の政治勢力を結集する中道派中心の左右合作が試みられたが、結局、自らへの支持動員を反託右派勢力に依存せざるを得なかった米軍政は、右派主導の反託運動を事実上「野放し」にすることで、右派の勢力増大に貢献した。国際信託統治の受け入れを主張する中道派や左派よりも、即時独立を主張する右派の方が、民衆の素朴なナショナリズムにアピールしたからである。

以上のように、米軍政下の南部朝鮮においては、国際共産主義を掲げる左派よりも、右派の方が民衆の素朴なナショナリズムを動員することでナショナリズムを先占することに相当程度成功した。米軍政の実質的な支援も手伝って、このことが、軍政当初の左派優勢の状況を右派優位の状況へと転換させる重要な契機になった。

その結果、左右合作中道ナショナリズムが両地域において衰退し、米軍政下の南部朝鮮においては右派ナショナリズムを担う勢力が、ソ連占領期下の北部朝鮮においては左派ナショナリズムを担う勢力が政治権力を独占した。そして、徹底的な反共主義者である李承晩が主導した大韓民国と非妥協的な共産主義者である金日成が主導した朝鮮民主主義人民共和国が成立した。

なぜ、冷戦に起因する対立を包摂する可能性を持つ左右合作中道ナショナリズムを担う政治勢力が、米ソそれぞれの占領地域において政治権力を握り、それに基づいて統一が達成されなかったのか。第一義的には、グローバルな冷戦の強力な制約を指摘せざるを得ない。米ソの分割占領下、しかも米ソ対立が日毎に先鋭化していく中、ソ連占領下の北部朝鮮においてはいち早く親ソ的な左派勢力が政治権力を独占することで、そうした可能性はいち早く閉ざされたし、米軍政下の南部朝鮮においても、次第に、右派以外の政治勢力の存在空間が閉ざされたからである。

しかし他方で、統一のためには、左右合作中道ナショナリズムの政治勢力が主導権を握る必要があったと、後世の歴史家が回顧するように、内部的な条件も劣らず重要だったのではないか。そもそも、朝鮮の政治文化は常に両極化の方向に働くという解釈もある。現在でも、一方で、「ナショナリズムの旗の下に一致団結する韓国イメージ」が強いが、他方で、「大した違いがないにもかかわらず、内部において相互に憎み合い激烈に闘争する韓国イメージ」も共存する。その原因を、「そもそも朝鮮の政治文化がそうだからだ」という政治文化に帰着させるのは乱暴な議論であることは言うまでもない。そのうえで、韓国政治、もしくは朝鮮全体の政治における中道勢力の存立可能性は、南北分断体制を与件とするとき、非常に論争的な問題である。

北朝鮮の独裁政権という現状を考えると「中道政権」の可能性は問題外であるが、韓国における金大中《キムデジュン》・盧武鉉《ノムヒョン》政権の成立は、朝鮮半島全体で考えれば「中道政権」と位置づけることができるかもしれない。それが指向するのは、南北の平和共存を制度化する中で、韓国の「中道政権」が主導して、南北の政治や社会の異質性を漸進的に緩和することで平和統一を実現していこうという戦略である。しかし、そうした韓国の対北朝鮮政策に対して、北朝鮮は、核・ミサイルの開発に主眼を置く「並進路線《ピョンジンロソン》」に邁進することで応え、さらに、それに対して韓国の一部では、「結局、韓国の対北朝鮮和解協力政策は失敗であった」と「諦めてしまう」反応を示している。こうした現状を考慮すると、朝鮮半島における「中道政権」の可能性は非常に厳しい現実に直面する。

国家という存在がなかったということにもつながるが、一九四八年以前の朝鮮ナショナリズムは、どのような国家を構築するのかに焦点が当てられた政治的ナショナリズムであった。朝鮮民族の存在を前提として、朝鮮民族が失った、もしくは奪われた国家を回復するというのが朝鮮ナショナリズムであった。ところが、独立を獲得した後には、植民地期に喪失した経済的自立や文化的自立を回復することが急務となる。問題は、経済的自立の達成に必要な資源を自力でどの程度獲得することができるのか、そして、もし不可能であった場合には、どの国の支援を調達することができるのかという現実に直面する。

植民地支配によって日本を中心とした国際分業体制に組み込まれていただけに、そうした日本との分業関係が相当程度喪失する中、それに代わる経済体制を模索する必要に迫られる。文化的自立の回復に関しては、植民地支配が三五年という長期間に及ぶものであっただけに、文化面における日本の影響は決定的なものであった。したがって自文化を回復するという課題に関しても、いかに「日本的なもの」、即ち「倭色《ウエセク》」を排除するのかということに関心が向けられた。しかし、こうした課題は一朝一夕に達成できるものではなかった。

南北双方共に、日本からの脱植民地化をいかに達成するのかを課題にしたが、その政治的基盤を異にしたこともあって、その方法は対照的であった。米軍政下の南部朝鮮では、右派ナショナリズムに立脚した国家建設に邁進することになる。それに対して、ソ連占領下の北部朝鮮は、ソ連の支持と左派ナショナリズムとの親和性が高かったため、いち早く左派ナショナリズムに立脚した国家建設が行われた。

このようにして異なるイデオロギーに基づく国家が成立したわけであるが、両者に共通したのは、そのナショナリズムの範囲がそれぞれの統治領域に限定されるわけではなく、朝鮮半島全体に及んでいた点である。両者にとって、自らが朝鮮半島全体を代表する排他的な正統性を持つと認識していたために、成立した国家は、あくまで暫定的なものであり、いずれは、朝鮮半島全体を統治することが想定されていたのである。国際冷戦の対立下において、朝鮮における左右のナショナリズムも同様に、相互に排他的な正統性を競い、相手に勝利する目標を掲げたのである。

憲法から見た大韓民国と朝鮮民主主義人民共和国

米軍政下の南部朝鮮では一九四八年八月一五日に李承晩を初代大統領とする大韓民国が建国され、ソ連占領下の北部朝鮮では翌月九月九日には金日成を初代首相とする朝鮮民主主義人民共和国が建国された。建国直後から、韓国の李承晩は「北進統一」を掲げたのに対して、北朝鮮の金日成は「南朝鮮の解放」を掲げたように、共に南北分断という現状に満足していたわけではなく、南北統一という現状変更を指向した。その意味で、南北分断体制は相当に流動的なものであった。現在、ほぼ七〇年を経過しているわけであるが、当時、これだけの長い間分断が続くと予想した人はほとんどいなかったはずである。四八年に制定された北朝鮮憲法第一〇三条では、「朝鮮民主主義人民共和国の首都はソウルである」と規定されていたことに端的に表れた。北朝鮮としては、当時の首都平壌《ピョンヤン》は暫定的なものであり、ソウルという言葉が元来「都」を意味するように、いずれ、しかも近い時期にソウルを奪還して南北統一を達成することを決めていたと言える。

にもかかわらず、二つの国家が別々に成立したということの意味は大きい。それぞれ別々に憲法が制定されたが、二つの憲法の間には共通点も見られたが決定的な違いも存在した。建国直後の韓国政治、北朝鮮政治に対してそれぞれの憲法が決定的な拘束力を持っていたとは言い難いが、別々の、しかも非常に異なった憲法を持つ別々の国家が建国されたことの意味を過小評価することはできない。それぞれ米ソの分割占領下で憲法が起草されたので、憲法に対する米ソの影響が大きかったことは言うまでもない。しかし、同じ占領下にあった日本の場合、新憲法に対する米国の影響が決定的であったのに対して、韓国の場合には、相対的に韓国の自律性が確保されていた。北朝鮮の場合には、ソ連の影響力が絶対的であり、憲法の構成やそこで使われる語彙などを含めソ連憲法を模倣したと思われる箇所が目につく。それに対して、韓国の制憲憲法には、米国の影響というよりも、韓国が当時置かれた状況の特殊性が考慮され、ある意味では北朝鮮憲法と類似すると思われる部分も見られる。それは経済に関する部分である。

憲法第六章には経済に関する項目がある。ちなみに、日本国憲法には、経済を独立して扱う部分は存在しない。さらに、興味深いのは、その内容である。第八四条で「大韓民国の経済秩序は、すべての国民に生活の基本的需要を充足することができるようにする社会正義の実現及び均衡ある国民経済の発展を期することを基本とみなす。各人の経済上の自由は、この限界内において保障される」と規定され、「個人の経済的自由」よりも「社会正義の実現」や「均衡ある国民経済の発展」が優先されている。さらに「鉱物その他重要な地下資源、水産資源、水力及び経済上利用することができる自然力は、国有とする（第八五条）」「重要な運輸、通信、金融、保険、電気、水利、水道、ガス及び公共性を有する企業は、国営又は公営とする。（中略）対外貿易は、国家の統制下に置く（第八七条）」と、経済全般における国家の統制力が高い。

これは北朝鮮憲法も同様である。北朝鮮憲法の第五条には「鉱山、その他の地下資源、山林、河海、主要企業、銀行、鉄道、水運、航空、逓信機関、水道、自然力及び前日本国家・日本人又は親日分子の一切の所有は国家の所有である。対外貿易は、国家又は国家の監督下において遂行する」とあり、韓国の制憲憲法と類似する。これは、脱植民地化の過程で自立的な経済体制を構築するためには個人の経済的自由を相当程度制限し、政府の権限や役割を大きく認める形で経済発展を指向しなければならないという、脱植民地国家としての経済ナショナリズムを、社会主義であるのか資本主義であるのかという経済体制の違いを超えて共有したからである。(1)

とは言え、韓国の制憲憲法と北朝鮮の一九四八年憲法との間には米ソの影響と異なる体制選択に起因した顕著な違いが目に付く。最大の差異は、国家の歴史的淵源に関する違いである。韓国の制憲憲法は前文で「己未《キミ》三一運動で大韓民国を建立して世界に宣布した偉大な独立精神を継承し」と、一九年の三・一独立運動とそれに起因して成立した大韓民国臨時政府の法統を継承することを明確にする。それに対して、北朝鮮憲法には、そもそも、そうした国家の歴史的淵源を記す前文のようなものはないし、本文の中にもそうした箇所はない。しかし、その歴史的淵源は、三〇年代から活発になる満州における金日成を中心とする抗日ゲリラ闘争にあることは間違いなく、三・一運動や大韓民国臨時政府に全く言及がないのは当然である。

また、北朝鮮は「生産手段は、国家、協同団体又は個人、自然人又は個人法人の所有である（第五条）」と個人所有を認めながらも、「国内の一切の経済的資源及び資源となり得るものを、人民の利益に合理的に利用するために国家は唯一の人民経済計画を作成してその計画により国内の経済・文化の復興及び発展を指向する。国家は、人民経済計画を実施する場合において、国家及び協同団体の所有を根幹とし、個人経済部門をこれに参加させる（第一〇条）」と、社会主義経済体制としての特徴を示す。実際に、北朝鮮は、当初は完全な社会主義体制ではなく、その過渡期としての人民民主主義体制であると自己規定をしていたために、生産手段の個人所有をある程度認めていた。しかし、一九五〇年代後半以降、個人所有を制限して農業の集団化を進めることになった。韓国の制憲憲法も、個人の経済的自由を限定なく認めているわけではないが、「財産権は保障される（第一五条）」という原則は明記されており、経済体制が異質であることは一目瞭然である。

出発点はほぼ同じであることに起因する共通点は存在するが、そうした類似の出発点から目指す方向に関しては相当程度異なる。体制競争をするわけなので、相手の体制よりも優位な実績を、政治、経済、外交などで収めることが必要である。百八十度異なる戦略ということではないが、競争戦略に違いがあるということは、出発点である建国時の憲法にも示されている。

韓国と北朝鮮の憲法は統一ナショナリズムを共有するが、右派ナショナリズムと左派ナショナリズムを分有するという顕著な違いがある。

統一ナショナリズムの発露としての朝鮮戦争とその挫折

さらに、韓国と北朝鮮がそれぞれ「北進統一」「南朝鮮の解放」を唱えたように、一九四八年の韓国、北朝鮮の建国にもかかわらず、双方とも、南北分断体制を固定的なものとは考えていなかった。したがって、五〇年六月二五日に開戦された朝鮮戦争で、北朝鮮は中ソの了解と支援を得ることで南侵を開始し朝鮮の統一を目指した。その後、今度は韓国も、アメリカの支援を得ることで三八度線を越えて北進し、朝鮮の統一を目指した。南北ともに、自らが朝鮮全体を代表する唯一正統な政府であるという自己認識に基づき、朝鮮ナショナリズムの担い手は自分たちの方であると考えた。朝鮮全体を範囲とする同一のナショナリズムを共有しつつ、自らを排他的な担い手として想定していたのである。

朝鮮戦争の開戦以後、双方による軍事的統一の可能性が開かれた。開戦直後の北朝鮮の南侵による統一、国連軍の参戦に伴う韓国軍の北進統一である。南北双方が、相互に排他的ではあるが、統一ナショナリズムを共有していたことに起因する、当然の帰結であった。確かに、その後の悲惨な戦禍を考慮すると、朝鮮戦争の開戦責任に言及せざるを得ない。そして、北朝鮮に開戦責任があるのは明確である。にもかかわらず、依然として北朝鮮が開戦責任を相手に負わせようとしているのは、開戦責任を負いたくないと考えているからである。一九四八年に、韓国と北朝鮮という別々の国家が成立したことの意味は大きい。朝鮮戦争の開戦は、そうした現状を覆そうとした現状変更の試みであった。但し、韓国、北朝鮮ともに、朝鮮全体をカバーする排他的な統一ナショナリズムを共有した限り、朝鮮戦争の開戦は「時間の問題」であった。

こうした南北の統一ナショナリズムの実現に関しては、韓国と北朝鮮だけで担いきるということは不可能であり、北朝鮮は中ソの支援を、韓国は米国の支援を前提条件としなければならなかった。北朝鮮の金日成が、なぜ一九五〇年六月二五日に開戦したのか、また、自ら「民族統一戦争」を主導したと宣言するのではなく、米軍や韓国軍の侵略への対応であったとして開戦責任を回避し続けるのか。これは、ソ連スターリンの指示に従ったからである。スターリンは四九年までは金日成の「開戦」を認めなかった。しかし、国共内戦に中国共産党が勝利、四九年一〇月に中華人民共和国が成立し中国革命が成功したことを契機として、共産主義革命を、朝鮮全体、そして日本にも浸透させようと考えを変えることで、金日成に対して「開戦」を許可したのである。但し、その場合でも、あくまで「挑発に対する正義の反撃」というシナリオに従うことを金日成に求めたのである。北朝鮮が、なぜ開戦責任を回避し続けるのか、そして、朝鮮戦争を「祖国解放戦争」と位置づけ、五三年七月二七日の停戦協定の締結にもかかわらず、戦争に「勝利」したという立場に固執するのか、その背景には、北朝鮮国内の事情だけでなくソ連との関係が介在する。

さらに、北朝鮮という国家の存続は中国抜きでは達成されなかった。朝鮮戦争に対する中国の参戦は、中国が台湾を解放する機会を犠牲にしたものであり、たとえ中国自身の安全保障のためだったとは言え莫大な犠牲を払った。その結果、朝鮮半島の統一を達成することはできなかったが、北朝鮮の存続を確保した。中国の参戦以後、実質的に戦争の指揮権を掌握したのは中朝連合司令部でありその司令官の彭徳懐《ほうとくかい》であった。だからこそ、停戦協定に中国人民志願軍も加わり当事者になったのである。しかも、中国軍は朝鮮戦争後一九五八年まで北朝鮮に留まり、北朝鮮の安全保障を確保するだけでなく、北朝鮮の戦後復興にも少なからぬ役割を果たした。このように、北朝鮮の統一ナショナリズムは、「用ソ」「用中」ナショナリズムと密接不可分なものであり、しかも北朝鮮の主導権はきわめて制限されたものであった。

これと同様な関係は、韓国にも当てはまる。韓国は北朝鮮による「南侵」を待ち、それを利用したという、一部修正主義冷戦史家の見方が妥当であるかどうかは別として、ともかくも、朝鮮戦争を利用して韓国主導の軍事統一を模索したことは確かである。その意味でも、朝鮮戦争による北進は韓国の統一ナショナリズムの発露であり、北朝鮮の統一ナショナリズムと対称性をもつ。韓国の統一ナショナリズムの実現が韓国だけの力でできなかったのは自明のものであり、国連軍の主力を形成した米国の助力が必要であった。さらに、出撃する米軍のための基地を提供したのは、米軍を主力とするＧＨＱ（連合国軍最高司令部）占領下の日本であった。

その意味では、韓国の統一ナショナリズムも「用米」「用日」ナショナリズムと密接不可分のものであり、同様に韓国の主導権は大きく制限されたものであった。韓国軍が署名しなかったにもかかわらず朝鮮戦争の停戦協定が成立したことは、それを反映している。

朝鮮統一の可能性は朝鮮戦争の長期化に伴って次第に低下せざるを得なかった。双方とも軍事的統一の可能性が低下する中、三八度線付近における一進一退の戦闘を惰性的に続けなければならない消耗戦の状況がほぼ二年余り続くことになった。それは停戦交渉を行いながらも戦闘行為を続けるということであって、軍事的統一を指向するというよりも、有利な停戦条件を確保するために戦闘を続けたということである。そもそも、中ソや米国にとってどんな犠牲を払ってでも統一を達成するという熱意は強くはなかったのであり、戦局の膠着化とともに、統一に対する熱意は失われた。また、南北にとっては、元来、自らの主導権が著しく制限されたものであっただけに、どんな犠牲を払ってでも統一を達成するという意欲があったとしても、それを実現するだけの力を持っていなかった。米国や中ソという大国が韓国と北朝鮮の統一ナショナリズムを、結果として封印することになったのである。

停戦協定の締結以後、韓国、北朝鮮、さらに、米中ソの大国、いずれの当事者も、戦争による軍事的統一の可能性を真摯に考えたとは言い難かった。南北は共に、朝鮮全体を視野に入れた統一ナショナリズムを放棄したわけではなかったが、朝鮮戦争によって荒廃した国土を修復し、体制競争に対応した強固な体制を構築するために、それぞれ異質な体制を担うナショナリズムを「創造」する必要に迫られることになる。分断国家としてのナショナリズムである。

ポスト朝鮮戦争下の統一ナショナリズムと対大国ナショナリズム

㈠韓国のイデオロギー的な「反共」「抗日」ナショナリズム

韓国では、李承晩政権によって、国民を部分（part）に分けて競い合う政党（party）政治ではなく、国民全体が一つになるという意味での「一民主義」イデオロギーの創設が試みられた。しかし、そうした試みは成果を収めず、結局、李承晩は自由党という与党を政権主導で創設して野党韓民党に対抗した。そして、「反共主義」とナショナリズムとを連携させる「反共」ナショナリズムを提示することになる。植民地朝鮮では、元来共産主義がある種の国際共産主義運動の一環であると見なされていたために、右派勢力が「民族主義」というシンボルを独占した。したがって、右派ナショナリズムを継承した韓国では「民族主義」という言葉自体に「反共主義」の含意があったということになる。

しかし、李承晩の「反共」ナショナリズムは、その「北進統一」という勇ましい攻撃的なスローガンにもかかわらず、戦後復興において北朝鮮の後塵を拝し、経済力を始めとする国力において北朝鮮と差をつけられていたように、誇れるような可視的成果を収めたとは言い難かった。さらに、北朝鮮の金日成が、南労党（南朝鮮労働党）の大物指導者、朴憲永《パクホニョン》ら「政敵」たちを権力闘争の末、次々に粛清もしくは排除し着々と安定した独裁体制を構築していった。それに対して、李承晩は一九五二年、大統領選挙を、国会議員の選挙による選出という間接選挙方式から、国民による直接選挙に変更することなどを内容とする「抜粋改憲」、さらに五四年、二期八年までしか認められなかった大統領任期を初代大統領に限っては例外としてそれ以上を認めるという内容の「四捨五入改憲」など、相当に恣意的な手段を使った憲法改正を行うことで、大統領職にとどまり続けた。しかし、それによって政治的安定が確保されるどころか、逆に政権に対する批判が累積することで政治的不安定は高まるばかりであり、政治的安定度においても韓国は北朝鮮の後塵を拝することになった。したがって、「反共」ナショナリズムは、北朝鮮に向けた攻勢的なものであると言うよりも、北朝鮮の攻勢から韓国の体制をいかに守るのかという防御的な性格の強い、「防共」ナショナリズムと言うべきものでしかなかった。

李承晩政権期の第一共和国は民主主義体制であるとは言い難いが、李承晩政権の「反共」ナショナリズムだけが社会を支配したわけではなかった。初代内閣の農相でもあり、一九五二年、五六年と二度の大統領選挙の候補でもあった、社会民主主義者である曺奉岩《チョボンアム》が五六年に創設した進歩党は、李承晩の「北進統一」と差別化を図り平和的手段による統一である「平和統一」を党綱領に掲げた。これも統一を掲げるという意味で統一ナショナリズムの一環ではあるが、排他的な正統性を前面に掲げるのではなく、北朝鮮の現体制との間で何らかの共通点を探し、それを拡大することを通して漸進的な統一を指向するというものであった。

さらに、こうした統一ナショナリズムは、一九六〇年、正副大統領選挙の三・一五不正選挙に起因した、四・一九学生革命によって李承晩政権が打倒された直後の第二共和国において、李承晩政権下では弾圧されて姿を隠していた革新勢力による「中立化統一論」として継承されることになった。東西両陣営に分断されて組み込まれた朝鮮半島を、両陣営のどちらにも属さない中立陣営に置き換えることによって統一を指向していこうとする戦略であった。具体的にどのような体制での統一なのかという問題は明確ではなかったが、こうした「中立化統一」ナショナリズムは、解放直後の左右合作中道ナショナリズムの延長線上に位置づけられるものであった。

李承晩政権期の韓国ナショナリズムには、反共に劣らず重要な要素が「抗日」であった。日本の植民地支配からの脱植民地化を達成するためには、単に日本からの政治的独立を達成するだけではなく、植民地期に日本を中心とした国際分業体制に組み込まれた韓国経済の脱植民地化、文化的にも日本の影響を色濃く受けた文化面における脱植民地化を達成することが課題とされた。経済に関しては、自立経済が困難な状況下、朝鮮戦争以後の復興過程でも米国の軍事経済援助に依存せざるを得ない状況が続いた。

ところが、米国は、韓国経済の復興のためにも、また、冷戦体制下における反共自由主義陣営の結束強化のために、さらに、アジアにおける反共自由主義陣営の中心となる日本の経済復興を支援するために、日本と韓国との国際分業体制を再構築することが必要だと考えた。そして、朝鮮戦争以後の復興に関して、必要物資を積極的に日本から調達することを優先した。米国としては韓国の「抗日」ナショナリズムには一定の理解を示しながらも、戦後の冷戦体制下においては、「反共」がより一層重要であり、そのためには「抗日」ナショナリズムを抑制するべきだと考えたからである。

それに対して李承晩政権は、「反共」と「抗日」は共に韓国ナショナリズムを構成する根幹であり、譲歩することはできないと考えた。こうした日本を取り巻く米韓の乖離は、朝鮮戦争からの戦後復興に必要な物資を日本から調達するのか日本以外から調達するのかという問題で露呈した。戦後復興に必要な物資を日本から調達するのが合理的だと米国が考えたのに対して、それは植民地期の日韓分業体制を復活させることになってしまうので日本以外からの調達を優先するべきだと韓国政府は考えたため、米韓は対立した。さらには、日韓国交正常化交渉をめぐっても米韓の乖離が顕在化した。韓国政府は、韓国の脱植民地化のためには、一定期間の日本との「断絶」が必要であり、性急な日本との「結合」を要求する米国に対する反発を強めたのである。しかし、韓国経済は米国の援助に相当部分を依存していただけに、米国の勧告を拒否することには限界があった。韓国にとっては米国が対韓援助を確実にしてくれる限りは日本との国交正常化を急ぐ必要もなく、むしろ、日本との関係強化が米国の関与の低下を帰結させるのではないかという危惧を抱いていたのである。

文化ナショナリズムに関しても同様に「反共」と「抗日」とは両立しうるというのが韓国政

府の立場であった。一九五〇年代の日本社会では、所謂左翼の影響力が強く、韓国からすると、過去植民地期における日本の影響力を排除するだけでなく、現在における日本との交流強化は「反共」という側面からも相容れないものであった。当時の、李承晩政権の対日批判は、日本が「左傾化」しているのであって、日本との交流増大は、そうした日本の「悪いもの」が韓国に流入することになるから警戒しなければならないというものであった。また、日韓の接点にもなっていた在日朝鮮人の圧倒的な割合が、韓国支持ではなく北朝鮮支持であったということも、こうした韓国の対日イメージに拍車をかけることになった。

日本に対する蔑称として「倭《ウェ》」が使われたが、日本文化は「倭色文化」として、韓国では「危険なもの」「低俗なもの」「暴力的なもの」など、種々のマイナスイメージでくくられることになった。そして、そうした日本文化排除の一環として、漢字使用が日本の影響によるものであり、韓国にはハングル文字という優秀な文字があるので、それを専用的に使用するべきであるという、ハングル専用化論が影響力を持つようになった。

以上のように、韓国政府は「北進統一」という統一ナショナリズムを掲げながらも、それと齟齬を来さない範囲で、「反共」と「抗日」という二つの要素から構成されるナショナリズムを政治面のみならず、経済、文化にも浸透させていった。

(二)北朝鮮の実利的な「用ソ」「用中」ナショナリズム

同時期の北朝鮮ナショナリズムはどうであったのか。現在の状況からすると想像し難いが、一九五〇年代は、韓国社会よりも北朝鮮社会の方が開放的であった。朝鮮戦争後も北朝鮮には中国人民志願軍が駐留し北朝鮮の戦後復興のために尽力した。さらに、ソ連を始め東欧の社会主義「兄弟国」も北朝鮮の戦後復興のために積極的に尽力した。そして、それを北朝鮮は受け入れた。朝鮮戦争による被害の大きさに関してはあくまで相対的ではあるが、米空軍による爆撃によって国土の相当部分が灰燼に帰したこともあり、北朝鮮の方が大きな被害を被った。にもかかわらず、そうした支援もあって、韓国を上回る速度で朝鮮戦争以後の戦後復興を達成することで、経済力を始めとする国力において、北朝鮮が韓国を圧倒した。

朝鮮戦争の開戦、戦争遂行、停戦に関して、北朝鮮は中ソに種々の面で依存せざるを得なかったわけだが、戦後復興の過程でも、一方で中ソの支援を獲得するために中ソとの良好な関係を維持しながらも、中ソに従属するのではなく中ソからの相対的自律性をいかに確保するのか、そのために中ソとの関係をどのように設定するのかという課題に直面した。しかも、こうした課題は、それぞれ中ソと密接な関係を持っていた、「延安系」や「ソ連系」の指導者との間での権力闘争にいかに金日成および彼が率いる「満州派」が勝ち抜くのかという課題とも密接に関連していただけに、より一層切実なものであった。(2) 韓国が同盟国米国や同陣営国日本との関係において抱えた問題、即ち、冷戦下の前哨国（outpost）が陣営内の中心国などの支持や支援を獲得しながらも、従属するのではなく相対的自律性をいかに確保するのかという問題を、北朝鮮も共有していたことになる。

北朝鮮と中ソとの関係において一つの分水嶺になったのが、一九五六年の「八月宗派事件」と呼ばれる一連の過程であった。五三年三月ソ連の独裁者スターリンが死んだが、その後の後継体制の中で、五六年二月ソ連共産党第二〇回党大会で後継者であるフルシチョフ第一書記によるスターリン批判が行われ、それまでスターリン体制に倣っていた共産圏諸国に激震が走った。北朝鮮では、金日成が政敵を粛清することである意味では「小スターリン」としてふるまっていたが、それに対して、反金日成派はスターリン批判を利用して、それぞれ中国とソ連を後ろ盾にして、金日成がスターリンに倣って個人崇拝を強要していると金日成批判を展開した。金日成も当初はそうした批判をある程度受け入れざるを得なかった。

ところが、スターリン批判はハンガリーなど東欧諸国においては、共産党一党支配を動揺させるような動きにつながりかけたために、ソ連が軍事介入をすることでそうした動きに歯止めをかけ収拾を図らざるを得なかった。金日成は、その間隙を見計らって、自らへの批判勢力に対する反撃を開始し、結果として見ると、金日成は、自らとは政治的出自を異にする、ソ連系や延安系などの勢力を粛清、もしくは国外に追放し、自らが主導する満州派による独裁体制を確立することに成功した。

ちょうど、この時期から、金日成は「主体《チュチェ》」という言葉を使うようになった。当初は、中ソという共産主義大国に対する北朝鮮の相対的自律性を確保する、対大国ナショナリズムを体現したものであった。一九五〇年代には、北朝鮮において金日成の個人崇拝を批判する非主流政治勢力が存在したが、そうした勢力は中ソとの連携に依存したために、ナショナリズムという点では限界を抱えており、この点で金日成や満州派が対大国ナショナリズムを先占することで権力闘争に勝利することができたのである。六一年の朝鮮労働党第四回党大会は、「勝利者の大会」であると高らかに鼓舞されたが、これは、国内における満州派による独裁の完成という意味と、同時期の韓国よりも優越した体制実績を収めた韓国に対する勝利という二つの意味があった。

以上のように、南北朝鮮ともに、大国に依存しながらも、大国からの自立をいかに達成するかを目指した。大国の支援を獲得することによって相互の体制競争における優位をいかに確保するか、さらに、そうした体制競争における優位を確保することによって統一ナショナリズムにおいていかに相手よりも先占することができるかという目標を共有した。以上のように、南北は没交渉でありながらも激烈な体制競争に突入することになった。そして、とりあえず、北朝鮮の方が韓国よりも先行することになる。

南北の体制競争とナショナリズム

一九六〇年代に入ると、韓国において二つの政治変動によって新たな政権が登場することで、七〇年代に顕在化する南北関係の変容に向けた新たな動きが生まれた。さらに、政治経済などの面で韓国よりも北朝鮮優位の五〇年代までの状況が、六〇年代に入ると南北それぞれ異なる発展戦略の選択などに起因して、韓国が北朝鮮に追いつくようになる。

㈠韓国朴正熙政権の実利的な「反共」「用米」「用日」の「産業化」ナショナリズム

韓国の李承晩政権は、一九六〇年の三・一五不正選挙に対する学生を中心とする抗議に端を発した四・一九学生革命によって打倒され、李承晩政権下では野党であった民主党政権が成立し、内閣責任制への憲法改正を行った。しかし、民主党政権は党内における新旧両派の派閥抗争と軍に対する統制の失敗などに起因して、結局、翌六一年五・一六軍事クーデタによって打倒され、朴正熙《パクチョンヒ》少将を中心とする軍事政権が成立した。その後、軍事政権は民政移管を経て朴正熙を大統領とする第三共和国が成立した。それ以後七九年一〇月二六日に朴正熙大統領が、部下の金載圭《キムジェギュ》韓国中央情報部（ＫＣＩＡ）部長によって殺害されるまで、ほぼ一八年間朴正熙政権が続くことになる。

朴正熙政権は、「反共」ナショナリズムという点で李承晩政権と連続していた。朴正熙自身は、一九一七年生まれで、日本の植民地時代は満州軍官学校を卒業し満州国軍人として任官していたが、解放直後には、朝鮮共産党の幹部であった長兄の影響もあり、一時期左翼に傾倒していた。一九四八年四月三日に勃発した「済州島《チェジュド》四・三蜂起」を鎮圧するために、結成されたばかりの南朝鮮国防警備隊（韓国軍の前身）が派遣されたが、その内部で左翼分子による反乱（麗水順天《ヨススンチョン》軍反乱事件）が起こり、朴正熙はそれに加担し逮捕され無期懲役判決を受けた。その後、赦免され、朝鮮戦争の最中に現役軍人として復帰することになった。そうした「左翼前歴」があったため、「朴正熙は左翼ではないか」という韓国国内や米国の疑念を払拭する必要があった。また、韓国よりも北朝鮮が優位な国力を持っており、そうした力を背景とした、韓国を共産主義化しようとする北朝鮮の圧力から韓国を守るためにも、「反共」を国是として徹底させた。

また、輸出指向型工業化戦略を採用することによって、それまでの経済的停滞を脱して経済発展に邁進したとは言え、依然として北朝鮮の経済力に比べると見劣りがした。また、軍事力においては、駐韓米軍の存在によって何とか北朝鮮との均衡を保ったとは言え、単独の軍事力に関しては北朝鮮の方が優勢であった。したがって、北朝鮮との関係においては防御的な「反共」ナショナリズムであった。北朝鮮政府を「北傀《プッケ》（北韓傀儡集団）」として、その存在自体を認めていなかったということもあり、北朝鮮との直接交渉には消極的であった。

第三共和国は、軍事クーデタによって成立した政権ではあったが、憲法それ自体は権威主義的な内容一色のものではなかった。そして明らかに北朝鮮の政治体制とは異なるという点を意識していた。制憲憲法にはなかった政党に関わる規定が憲法に置かれたのである。元来、政党というのは「自発的結社」であり憲法に置かれるべきものではない。ちなみに日本国憲法には政党に関する規定は一切ない。しかし、韓国の第三共和国憲法は、第七条に政党に関する次のような規定が置かれた。「㈠政党の設立は自由であり、複数政党制は保障される。㈡政党は、その組織及び活動が民主的でなければならず、国民の政治的意思形成に参与するのに必要な組織を持たなければならない。㈢政党は、国家の保護を受ける。ただし、政党の目的又は活動が民主的基本秩序に違背するときは、政府は、大法院にその解散を提訴することができ、政党は、大法院の判決により解散する。」㈠の複数政党制の保障は、北朝鮮における実質的な朝鮮労働党一党体制との差別化を強調したものである。㈢の非民主主義的政党に対する解散権は、韓国における親北朝鮮性向を持つ、もしくは容共的な左翼政党の設立に歯止めをかけようとするものである。このように、韓国の「反共」ナショナリズムは憲法にも明示される。

但し、同じ「反共」ナショナリズムではあっても、李承晩政権のそれがイデオロギー的で硬直したものであったのに対して、朴正煕政権のそれは、多分に実利的で柔軟なものであった。それが反映されたのが、朴正煕政権による韓国軍のベトナム派兵であった。国際冷戦の主戦場の一つであった東南アジアへの韓国軍の派兵は、一九五四年以後、李承晩政権によって繰り返し提案されたように、朴正煕政権になって初めて提起されたものではなかった。東南アジアへの韓国軍の派兵は、対米関係を念頭において、米国に対してアジアにおける反共の盟主としての韓国の存在感を印象づけることによって、対米交渉における交渉力増大を図るという発想を、李承晩と朴正熙は共有していた。

しかし、米韓関係が置かれた状況は李承晩時代と朴正熙時代とでは異なっていた。朝鮮戦争以後、米国の対韓関与を自明の前提と考えた李承晩とは異なり、一九六〇年代に入ると、米国の対韓関与は不透明さを増していった。中ソの全面的な支援に基づく北朝鮮による南侵可能性が、中ソ対立の激化によって稀薄になるのに伴って、米軍駐留や対韓軍事援助などに関する米国政府の再検討作業が行われるようになったからである。朴正熙政権の対応は、その先手を打って、韓国軍のベトナム派兵を提案することによって、駐韓米軍のベトナムへの転用可能性を封じ込めようとするものであった。米国としてもその他の代替案との比較衡量を行った結果、ベトナム戦争における米国の国際的孤立を緩和し、戦闘効果を上げるためにも、韓国軍のベトナム派兵が必要であると判断し、それを朴正熙政権に改めて要請し、その対価を支払うことにした。米国が派兵手当などの対価を支払ったという意味では、韓国軍は米国の「傭兵」という位置づけもできるが、韓国軍は徹底した反共教育を受けていたために、反共という名分のために自ら進んで果敢に戦闘に従事した。

朴正熙政権は、一九六五年以後、七三年に撤退するまで、ほぼ常時五万人弱の兵力を駐留させた。それだけではなく、ベトナム戦争の遂行によって生じた軍需を目的に韓国企業が進出し、さらにそれに伴った労働力の輸出を行うことによって、当時の貿易赤字を埋めて余りある、GNPの三~四%程度の戦争特需を獲得し、六〇年代の韓国の経済発展にとっての重要な原動力となった。このように、冷戦体制下で反共陣営に属する韓国としては、その地位を利用することによって、陣営内における韓国の存在感を高めると共に、それに起因した経済的利益の獲得にも邁進した。李承晩政権にとって反共それ自体が目的であったのに対して、朴正熙政権は、冷戦体制やその下での反共主義を、経済発展のための手段として利用するという明確な目的意識を持っていた。実際に、他国との競争で韓国が戦争特需を優先的に獲得することができたのには、韓国が軍を派兵したことが決定的に重要であり、派兵と特需とは分かち難く結びついていたのである。したがって、ベトナム戦争の特需を獲得し続けるためには、派兵規模を維持しなければならないという状況であった。

こうした朴正熙政権の実利主義と柔軟性は、ベトナム戦争の遂行と関連して、東アジアにおける反共国家間の協力組織として結成されたＡＳＰＡＣ（アジア太平洋協議会）への対応にも現れた。タイと共に組織創設を主導した韓国であったが、反共イデオロギー色が強く軍事同盟の可能性まで考慮した南ベトナムや台湾を一方の極とし、イデオロギー的色彩や軍事的性格を回避したいと考えるマレーシアや日本を他方の極とする間で、韓国は、ＡＳＰＡＣを、反共を基盤としながらも社会経済的な機能協力を推進する国際組織として創設し維持しようとした。結果として、ＡＳＰＡＣは、その設立の動機付けとなったベトナム戦争がパリ和平協定によって一九七三年に終焉するだけでなく、ＡＳＥＡＮ（東南アジア諸国連合）という「ライバル」が六七年に創設され、さらに発展することによって、ＡＳＰＡＣ自体の発展が困難となり、七三年には事実上消滅した。しかし、ＡＳＰＡＣの創設とその発展を指向した韓国の対応は、反共一色だけには還元されない韓国外交のリアリズムを反映したものであった。

さらに、こうした韓国外交のリアリズムが最も顕著に発揮されたのが、朴正煕政権の対日外交であった。「抗日」ナショナリズムという点に関しては、李承晩政権と朴正煕政権との間には大きな違いが認められる。抗日民族独立運動の「英雄」であった李承晩と、満州国軍将校であった朴正煕との経歴の違いもあるが、冷戦体制下における南北体制競争における勝利のために、日本の力を利用するという明確な「用日」ナショナリズムが朴正煕にはあった。一部には、朴正煕個人の経歴などに起因して朴正煕を「親日派」として批判する向きもあるが、その後の朴正煕の行動を見ると、その行動を「親日派」という側面から解釈するのには限界がある。

朴正煕としては、南北体制競争で北朝鮮の後塵を拝している状況において、まずどの分野で韓国の挽回を期するのかという課題に直面した。資源が限定されているだけに、全ての分野において漸進的な挽回を期するというほどの余裕はなかった。朴正煕自身に当初から明確なビジョンがあったわけではなかったが、試行錯誤の結果、朴正煕政権は経済分野、特に労働集約的な工業製品の輸出増大で経済発展を牽引するという、輸出指向型工業化戦略を選択した。韓国の持つ安価で優秀な労働力という資源を最大限活用するという戦略であった。そうした点で、朴正煕政権には李承晩政権にはなかった「産業化」ナショナリズムという別の側面も存在した。

さらに、そうした「産業化」ナショナリズムを推進するために、輸出市場の確保はもちろんであるが、積極的な外資導入を図り設備投資や社会資本の拡充を行う必要があるし、また、工業化に必要な機械や原材料を輸入する必要があった。このために、朴正熙政権が選択したのが、停滞していた日本との国交正常化を決断することによって、日本からの資金や物資の導入を図ることであった。

しかし、そのためには、韓国国内において少なからぬ比重を占めていた「抗日」ナショナリズムという問題を克服する必要があった。朴正熙政権の「用日」ナショナリズムが国内の「抗日」ナショナリズムを説得することができたとは言い難いが、ともかく、力ずくで反対勢力を説き伏せて日本との国交正常化を実現し、日韓請求権協定を通して日本からの経済協力資金を獲得し、それをテコとして輸出指向型工業化を軌道に乗せたのである。

以上のように、李承晩政権のイデオロギー的に硬直的な「反共」ナショナリズムと「抗日」ナショナリズムとの組み合わせとは異なり、朴正熙政権は実利的な「反共」ナショナリズムと「用日」ナショナリズムとを組み合わせることにより「産業化」ナショナリズムを推進することを選択したのである。

但し、政権がそうした選択をしたことを、韓国社会がすんなりと受け入れたわけではなかった。では、反対勢力は、どのような選択を考えていたのか。反対勢力は、李承晩政権期のようなイデオロギー的な「反共」ナショナリズムだけでは、南北体制競争という状況下において、韓国という国家の存立自体が危機にさらされるという認識を、朴正熙とも共有しており、それを回避するためには近代化、経済発展を進めるほかはないという「先建設・後統一」という課題をも共有していた。言い換えれば、「産業化」ナショナリズムを共有していた。[3] それを前提とすると、反対勢力も、国交正常化による日本との経済協力を、日本による経済侵略につながらないように慎重に進める必要はあるが、日本との経済協力それ自体に反対することは難しかったと考えられる。

唯一、「反共」ナショナリズムを棚上げにして北朝鮮との統一の可能性を念頭に置いた場合に、別の発展戦略は考えられたかもしれない。しかし、当時の南北体制競争下、北朝鮮の後塵を拝していた状況においては、そうした選択は、北朝鮮主導の統一に韓国が組み込まれるリスクが高かった。したがって、韓国社会も、朴正熙政権の選択に対する批判や不満を持ちながらも、それに代わる現実的な路線を提示することには必ずしも成功しなかった。その意味では、一九六〇年代の朴正熙政権の選択は、韓国社会にとっては最大公約数の合意と言っても過言ではないだろう。しかし、そうした戦略を国内の批判を弾圧して強引に推進しようとする朴正熙政権の姿勢に抵抗するという意味では、「民主化」ナショナリズムを掲げていたとは言えるかもしれない。

(二)北朝鮮の統一ナショナリズムと主体思想

では、同時期における北朝鮮のナショナリズムの特徴は何か。北朝鮮は、軍事クーデタによる朴正煕政権の登場、さらに日韓国交正常化が達成されることによって日米韓の協力体制が構築されることに警戒感を抱いた。一九六一年に、中ソとそれぞれ同盟条約を締結することで、中ソの支援を獲得しながらも、中ソに対する相対的自律性を確保するという課題を一旦は達成したかに見えた。その後、北朝鮮が選択したのは「四大軍事路線」[4]に代表されるように、限定された資源を軍事に優先的に配分する戦略であった。これは、六〇年代に入って中ソ対立が深刻化する中、自国の安全保障をもはや中ソに頼ることはできないと考えた北朝鮮が、日米が韓国を支援するという協力態勢が形成されるのに直面して、限定された資源を優先的に軍事に配分することを選択したからである。

しかし、その結果、一九六一年に採択された人民経済発展七ヵ年計画は予定通りに目標を達成することができないことが明らかになり、一九六六年に異例の三年延長を宣言せざるを得なくなった。それだけ北朝鮮経済が、五〇年代までの順調な戦後復興とは異なり、六〇年代には困難な状況に陥ったことを示す。中ソ対立の激化によって、五〇年代までに獲得することができた中ソその他東欧諸国の十分な支援が困難になったことが重要な原因であったが、それに劣らず、北朝鮮自身の経済政策の選択、特に、限定された資源を民生に向けるのではなく軍事に向けたことのつけが回ってきた結果である。

北朝鮮のこうした選択を支えたのが、軍事的統一の可能性を放棄しないという統一ナショナリズムであり、さらに、中ソという社会主義大国からの相対的自律性を確保するという対大国ナショナリズムであった。実際一九六〇年代には、北朝鮮は韓国よりも優位な国力を持つという自信を背景として、南北直接交渉には積極的であった。韓国優位の国連の場における問題解決を指向した韓国の姿勢とは対照的であった。したがって、六〇年代に限って言えば、国力の格差を反映して、統一ナショナリズムに関しては北朝鮮の方が優位な地位を先占していたと言えるだろう。ただ、南北朝鮮とも、依然として、双方に相手を「傀儡」として非難し自らの排他的正統性を前提としたために、政府間対話の実現は困難な状況であった。

しかし、そうした統一ナショナリズムの先占という優位さと矛盾するように見えるのは、北朝鮮が、自国だけにしか通用しない「主体思想」という非常に特殊な体制イデオロギーを構築していったことである。中ソ対立の狭間で、親中一辺倒でも親ソ一辺倒でもない独自の体制イデオロギーが必要とされた。それを希求した結果、マルクス・レーニン主義や毛沢東主義という国際共産主義とは差別化された、主体思想という北朝鮮特有の思想が、ナショナリズムと結合された形で登場することになったのである。

主体思想は、当初は、大国との関係において、主体的に北朝鮮の自律性を確保することを強調するという「素朴なナショナリズム」として出発した。そして、それは中ソ対立が深刻化する中、大国に依存しない独自のナショナリズムとしての性格をより一層明確にした。しかし、体制を堅固なものにする必要があると認識したためか、主体思想を首領論と社会政治的生命体論と結合させることで、「国家を有機的な生命体と等値し、生命体が自立して生存するためには脳髄としての首領が必要であり、朝鮮労働党を、首領の意思を人民に伝達する神経と位置づける独特の体制イデオロギー」として開発した。但し、その独特さは金日成という個人に対する崇拝を伴うものであり普遍性を持つものであるとは言い難かった。

第四章

冷戦変容下の分断・競争ナショナリズム：韓国優位へ（一九七〇年代・八〇年代）

本章では、一九七〇年代と八〇年代の韓国・北朝鮮を対象として論じる。七〇年を始点とするのは、当該時期において、米中和解、日中国交正常化、中国の国連復帰など、中国をめぐる国際関係が激変するのに伴い、それが朝鮮半島にも少なからぬ影響を及ぼしたからである。では、なぜ、九〇年を終点とするのか。ベルリンの壁の崩壊とそれに伴う東西両ドイツの統一など、グローバル冷戦それ自体が終焉を迎えた。そして、韓国と中ソとの国交正常化が達成され、【［米・日・韓］対［朝・中・ソ］】という対立構図が崩れることで、朝鮮半島を取り巻く冷戦は一旦終わったと考えられるからである。にもかかわらず、南北分断体制は持続する。したがって、朝鮮半島冷戦が終焉したとは言い難いことになる。グローバル冷戦が終焉を迎える中で朝鮮半島冷戦が持続するという帰結をもたらす、そうした二つの冷戦間の力学を解明するための鍵を提供するのが、七〇年代と八〇年代である。

グローバル・デタントと朝鮮半島冷戦

この時期は、それ以前の時期と以下の点で異なる。第一に、冷戦が維持されながらも、米中ソの大国はデタント（緊張緩和）の方向に舵を切ったために、朝鮮半島冷戦に対する外的制約が緩和されたという点である。それまで封じ込められていた、韓国と中ソを始めとした共産圏との関係、北朝鮮と日米などの西側諸国との関係という、陣営を跨ぐ外交の可能性が少しずつではあるが開かれることになった。そうすることによって、それまで、冷戦イデオロギーによって制約されていた南北のナショナリズムが、よりストレートな形で現れるようになった。

第二に、それまで封じ込められていた韓国と北朝鮮との直接的な接触が開始されたことである。一九六〇年代以前には、韓国と北朝鮮は、ほとんど相互接触がない状況で、自らの排他的な正統性を主張し合ってきた。そこでは、「朝鮮全体を代表する」ことを双方共に前提としており、その意味では「韓国ナショナリズム」「北朝鮮ナショナリズム」ではなく、「朝鮮ナショナリズム」を念頭に置いていたという点では共通していた。しかし、南北分断後、四半世紀が経過し、依然として統一という共通目標を掲げるが、それぞれ異質の体制が定着する中、次第に相手が異質であると認識し、そうした異質な存在を相手にするためにも、「韓国ナショナリズム」「北朝鮮ナショナリズム」という自らが管理する地域を基盤としたナショナリズムが芽生えるようになる。

第三に、それまで冷戦体制に組み込まれることによってほぼ垂直的に制度化されていた双方の陣営内が動揺するようになり、そうした動揺が、陣営を跨ぐ関係と密接に連携されるようになったことである。一九六〇年代から中ソ対立が深刻化したりするなど、社会主義圏の結束は有名無実であった。また、六五年に国交が正常化された日韓関係は、経済協力が進展しながらも、相互交流は政財界一部の限定的なものにとどまり、相互理解と相互交流が急速に進んだとは言い難い状況であった。このように、それぞれの陣営内の結束が堅固であったわけではない。

一九六〇年代までは、そうした陣営内の動揺が陣営間対立をより一層激化させる方向に働いたことはあっても、陣営間対立自体に大きな変容を迫ることはなかった。しかし、一九七〇年代になると、陣営内の動揺が陣営自体の流動化のリスクをはらむようになり、それに伴って陣営を跨ぐ関係が活発になり、陣営間関係の流動化にも重大な影響を及ぼすようになったのである。

南北拮抗下の統一ナショナリズム

韓国は、一九六〇年代初頭の貧困状況から脱して、輸出指向型工業化により経済発展を達成し北朝鮮を追い上げた。七〇年八月一五日の独立記念日の式典で、

もうこれ以上、北韓同胞の民生を犠牲にして戦争準備に狂奔する罪悪行為をせずに、より善意の競争、つまり民主主義と共産独裁のうちのどの体制が国民の暮らしをよりよくするか、または、よりよく暮らしうる条件を備えている社会であるかを立証する、開発と創造の競争に乗り出す用意はないのか。

と、北朝鮮に「善意の競争」を提案した朴正煕大統領の演説は、北朝鮮に追いつきつつあるという自信に裏付けられたものであった。それに対して、北朝鮮は、国際政治における同盟国中

国の存在感増大や、親北朝鮮の第三世界勢力の影響力の増大などに便乗して、外交面での劣勢を挽回することができるという見通しを持ち始めた。そうした南北相互の拮抗感が、七〇年代初頭における南北対話を帰結させた。

一九七〇年代初頭の南北の競争状況は、以下のような状況であった。第一に、南北経済競争の状況変化である。六〇年代初頭には、一人当たりGNP（国民総生産）で北朝鮮は一七七米ドルであり七九米ドルであった韓国のほぼ二倍であった。このように、経済力においては北朝鮮の圧倒的優位の状況が、六〇年代韓国の経済発展と、北朝鮮の「四大軍事路線」に代表される軍事優先戦略に起因した経済的停滞によって、七〇年代初頭に韓国と北朝鮮の一人当たりGNPはほぼ肩を並べるまでになり、その趨勢からして韓国が北朝鮮を凌駕するのは時間の問題であると思われた(1)。但し、相手に関する正確な情報がどれだけ入手可能であったのかという問題もあり、それを韓国、北朝鮮双方がどれだけ認識していたのか留保する必要がある。北朝鮮は、韓国の経済発展をことさらに過小評価する傾向にあった。

第二に、南北外交競争の状況変化である。一九六〇年代まで、南北の国連加盟に関する米中ソの一致が得られなかったために、北朝鮮はもちろん韓国も国連に加盟することができない状況は依然として持続した。しかし、同盟国米国の支援に力を得て、国際社会における存在感において北朝鮮よりも韓国の方が優位であったのに対して、北朝鮮外交は共産主義陣営に限定されていた。六九年の時点で韓国の修交国数が八〇ヵ国であったのに対して、北朝鮮の修交国数はわずか三〇ヵ国に過ぎなかった。韓国は、米国の援助を補完するものとして日本との国交正常化を通して経済協力を獲得したりして、経済外交の多角化には成功した。にもかかわらず、七〇年を前後して、韓国軍のベトナム派兵などに起因して封じ込められていた、駐韓米軍の削減や撤退が米国から提起されるなど、米国の関与が不透明な状況になりつつあった。これは、従来から駐韓米軍の撤退を要求してきた北朝鮮にとっては「追い風」となった。

一九六〇年代に入って本格化した中ソ対立によって、一致協力して北朝鮮支援で協力しなければならないはずの社会主義大国間の亀裂が深刻になったことは、その支援に期待した北朝鮮にとってマイナスであった。但し、短期的にはプラス面もあった。北朝鮮にとって、中ソ対立の間隙を利用することによって、中ソを北朝鮮から必要以上に離間させないようにすることを可能にした。中ソともに、中ソの対立状況において、北朝鮮を相手側に接近させないために、北朝鮮との良好な関係を維持することが重要であり、そのためには北朝鮮の意向に反した政策を選択することを回避しようとした。したがって、七〇年代に入って、韓国が対中ソ関係を改善しようとしたが、中ソがそれに応えようとはせず、可視的な成果は上がらなかった背景には、こうしたソ連、中国、北朝鮮の三角関係が存在したからである。

また、中国の国連代表権獲得や対日・対米関係の改善など、国際社会における中国の存在感増大には顕著なものがあり、同盟関係と「分断国家」という立場を中国と共有する北朝鮮にとっては、それに「便乗」して自らの外交的存在感を増大させる格好の機会を提供した。(2)さらに、一九六〇年代以降、旧植民地が次々に独立し、そうした国々が中心となって、東西どちらの陣営にも与しないという非同盟勢力を形成した。そして、北朝鮮も七五年に非同盟に加わることで、国際社会における存在感において、北朝鮮は従来の不利な状況を挽回できる環境が整えられた。

第三に、最も複雑なのが南北「政治競争」の展開である。一九七〇年代に入り、不透明な国際環境の中で本格的な体制競争に直面し、没交渉のまま自らの排他的正統性だけを相互に主張し合うという従来の姿勢を止揚して、相手の存在を認めたうえで交渉を通した関係の構築を模索するようになった。しかも、そうした競争に備えるためにも、南北共に非常に類似した対応を模索した。相手との交渉においてより有利な高地を先占するためにも自国内における異論を封じ込めた方がよいと考え、政治体制の権威主義化をより一層強化したのである。しかも、これは北朝鮮にとっては金日成から金正日《キムジョンイル》への後継体制の構築、韓国にとっては朴正煕の大統領任期の延長という問題と密接に絡んでいた。

以上のように、一九七〇年代に入ると、南北間の関係において「競争」という側面が顕著になり、それまでの相手の存在を公式的には一切認めないという「対話のない対決」姿勢から、相手の存在を一旦は認めることを前提とする「対話のある競争」関係へと変容する。その結果、七一年から離散家族の再会問題などを話し合う赤十字会談が始まり、その過程で、政府間の接触にも発展した南北対話は、李厚洛《イフラク》韓国中央情報部部長の平壌訪問と金日成との会談、そして、朴成哲《パクソンチョル》北朝鮮第二副首相のソウル訪問と朴正熙との会談を経て、ついに七二年七月四日、ソウルと平壌で同時に「七・四南北共同声明」を発表するまでに至った。

双方は、つぎのような祖国統一原則に合意した。

第一、統一は、外勢に依存したり外勢の干渉を受けることなく、自主的に解決しなければならない。

第二、統一は、たがいに相手側に反対する武力行使によらず、平和的方法で実現しなければならない。

第三、思想と理念、制度の相違を超越して、まず同一民族として民族大団結を図らなければならない。

この声明は、南北が「自主」「平和」「民族大団結」という統一三原則に合意し、それ以後南北調節委員会を定期的に開催して、南北間の諸問題に取り組むことを決めたものであった。イデオロギーによる分断状況をナショナリズムという共通項で克服しようとするという枠組みであった。統一三原則の一つである「民族大団結」はそれを明示したものである。

南北ともに、自らの体制に基づく統一の可能性を放棄することはしないが、そこに至るまでの過渡的段階をどう管理するのかを含めた模索が始まる。南北は、そうした過渡的な段階の関係をどのように構想するのかをめぐって、ついに一致することはなく、それが一九七〇年代初頭に始まった南北対話を持続不可能なものにしてしまった。さらに、分断体制の成立後二〇年以上が経過することで、それぞれの社会の異質性が高まる。そうしたそれぞれの政府や社会による要請を背景として、「朝鮮ナショナリズム」ではなく、韓国においては「韓国ナショナリズム」が、北朝鮮においては「北朝鮮ナショナリズム」が次第に形成されるようになる。

韓国の「維新」ナショナリズム

(一)維新体制の成立

「維新」ナショナリズムという言葉は同時代的には存在しなかったし、現在においても、一般的に使われている言葉ではなく、著者による造語である。一九七二年、韓国における維新体制の成立を契機に成立した韓国ナショナリズムを示す言葉である。維新体制がなぜ必要なのか、その正当化のために朴正熙政権が提示した論理は、

我々に最も緊要なのは、叡智と不退転の勇気そして鉄桶のような団結であり、これを活力素として困難でも貴重な南北対話をより一層堅く後押しできるだけでなく、急変する周辺情勢に能動的に対応していくことができるあらゆる体制の至急な整備だ。

というものであった。米中接近などの国際政治の流動化状況に対応するために南北対話を開始したが、北朝鮮のような一枚岩の体制と交渉するためには、従来のように政府とは異なる自由な意見表明を許容している状況では北朝鮮に対して韓国は不利であり、したがって、それを抑え込む必要があるという論理である。

第三共和国憲法では大統領は国民の直接選挙で決まることになっていたが、一九七二年一〇月一七日、朴正熙は、大統領特別宣言によって、非常戒厳令を宣布、国会を解散、憲法の効力も停止し、維新憲法を発表した。その後、国会が解散されて不在であったために、国民投票という一つの手続きだけで維新憲法を成立させた。維新憲法では、それまでの大統領直接選挙を廃止し、国会とは別に統一主体国民会議という「主権受任機関」である代議機関を創設し、それが大統領を選出することにした。大統領間接選挙制度の成立である。但し、統一主体国民会議の代議員選挙の立候補者から政党関係者が排除されており、代議員のほとんどが親与党政府系によって占められていた。また、実質上朴正熙大統領の単独立候補であり、「参加」と並んで民主主義の重要な一つの条件である「競争」は全く排除されていた。結局、この間接選挙制度は朴正熙大統領の再任を保障するためのものであった。

韓国からすると、一九六〇年代までの経済競争における劣勢を相当程度克服して南北対話の開始を決断したわけだが、実際に対話を進める中で、北朝鮮のような一枚岩の体制と比較した場合、自らの政治体制に対する不利な条件を自覚するようになった。さらに、統一問題に関しても、「先建設・後統一」「先平和・後統一」というスローガンを掲げた。統一を諦めたわけではないが、即時統一というのは現実的に困難であり、したがって韓国主導の統一を達成するためには「時間を稼ぐ必要がある」ということである。時間の経過と共に、それまでの北朝鮮に対する劣勢を優勢へと転換することが可能であるという自信の表れであると見ることもできる。

第三共和国の下で民主主義体制とは言い難いまでも、ある程度の範囲内での政治的競争や政治参加は許容されていた。しかし、維新体制は、第三共和国では一旦許容されていた、競争、参加を再び制限するものであった。憲法に規定された大統領緊急措置を第一号から第九号まで出し、法律によらずに国民の基本的人権を制限した。したがって、相当の抵抗が予想されたわけで、それを抑圧するための種々の装置が必要とされた。並行して、なぜ、そうした体制が必要であるのかを説得する作業も進めざるを得なかった。そうした手段の一つが「維新」ナショナリズムであった。

（二）「維新」ナショナリズムと明治維新・「昭和維新」

「維新」ナショナリズムにおける「維新」という言葉は、韓国固有の言葉であるというよりも、日本の明治維新や「昭和維新」を参照したものである。韓国国民にとって「維新」という言葉は耳慣れない言葉であった。日本にとって明治維新は、分権的な幕藩体制から中央集権的な近代国家への変革という重大な歴史的転機であった。しかし、韓国社会から見ると、日本が明治維新を通して近代国家になったということは、帝国主義国家として朝鮮を侵略し植民地化したことを意味する。したがって、明治維新を高く評価するという発想はあまりなかった。一九一七年生まれの朴正煕はもちろん明治維新を体験しているわけではない。にもかかわらず、朴正煕は、日本と朝鮮との歴史的な分岐として、日本が明治維新によって中央集権的な近代国家に見事に変貌することができたが、朝鮮はそれができなかったと批判的な「自己評価」を行う。朝鮮にも「明治維新」が必要であったにもかかわらず、それが実現されなかったから、独立を失い植民地に転落することになったという痛烈な歴史意識を持っていた。一九七〇年代の韓国と一八六〇年代の日本とでは、時代環境や発展段階も異なるため、両者を同一に考えることはできないが、ともかく、朴正煕が「維新」という用語を使用した背景に、朴正煕自身の「明治維新観」があったことは想像に難くない。

朴正煕の「明治維新観」は、日本が「富国強兵」「殖産興業」に基づいて政府主導で経済建設を急ぎ、それによっていち早く強力な経済力と軍事力を保有するに至ったということである。したがって、市場経済の比較優位に基づいてではなく、強烈な国家意思に基づいて重化学工業化を推進する必要があることを、朴正煕は主張した。

さらに、朴正煕にとって、「維新」とは、明治維新だけを意味するものではなかった。それ以上に身近であったのは、一九三〇年代の日本において主として軍内部の「皇道派」が主張した「昭和維新」という言葉であった。朴正熙は当時、満州軍官学校の生徒として日本陸軍士官学校にも「留学」していた。その時皇道派は二・二六事件の挫折によってその勢力を衰退させていたが、軍内部には、依然としてその影響力が残っており、朴正熙も、「昭和維新」に現れた青年将校たちの国家に対する献身的姿勢に少なからず影響されていた。明治維新の精神に立ち返り、今一度、天皇を中心とする中央集権的国家を再構築するのに軍が主導的役割を果たすことにより、自らが起こした侵略戦争に起因した困難を克服しようとする精神主義的な姿勢であった。そうした「昭和維新」の時代精神を朴正熙は相当程度内面化した。

さらに、朴正熙が活動した満州は、日本以上に、「昭和維新」の影響が強かった。満州自体が「人造国家」として、ある意味で革新将校や革新官僚らの「実験場」という性格を強く持っていたからである。一介の軍官学校生徒、軍人であった朴正熙が満州国の経営に関与したということはもちろんなかったが、そうした軍人としての教育や軍人としての任務を経験した朴正熙にとって「維新」という言葉は、単なる「歴史」ではなく自らが経験した「現実」そのものであった。このように、朴正熙にとって「維新」とは、国家のために個人がいかに犠牲的に献身するのかという、国家主導の強烈な上からのナショナリズムを意味するものであった。

一九六〇年代の韓国経済は、低廉で勤勉な労働力が豊富であるので、それを活用した労働集約的な軽工業に比較優位を持つことに基づいて、そうした労働集約的な軽工業製品の輸出増大を通した経済発展を達成してきた。しかし、そうした選択をするまでの六〇年代初頭には朴正熙政権は、基幹産業の建設を中心とした「内包的工業化」を試みたように、朴正熙の経済観は、新古典派による比較優位に基づくものではなく、国家主導の重商主義的なものに近かった。したがって、七〇年代に入ると、元来朴正熙がもっていた経済観がよりストレートに政策に反映されるようになったのである。

それまで労働力を供給してきた農村の余剰労働力が枯渇したため、低廉な労働力を供給することが困難になった。低廉な労働力を確保するためには政府による労働運動に対する抑圧などを通した人為的な賃金抑制が必要になる。維新体制を成立させた朴正熙政権の意図の中に、労働運動への弾圧の必要性が増大したことを指摘する見方もある。賃上げを求める労働運動の活性化を抑えるために維新体制のような権威主義体制の成立が必要だと認識したという説明である。

しかし、朴正熙政権は低賃金労働力に基づく労働集約的な軽工業への特化に執着するのではなく、産業構造を高度化し付加価値を高めることを指向して重化学工業化にも取り組んだ。さらに、駐韓米軍の削減などに対応するために「自主国防」を掲げていたが、そのためには、兵器製造など防衛産業を育成することが要請され、そうした防衛産業を支える重化学工業育成の必要性を強烈に意識した。一九七〇年代に入って、新たに資本・技術集約的な重化学工業化を政府主導で推進するようになった背景には、こうした明確な国家意思が存在した。これは、日本の明治維新の「富国強兵」「殖産興業」を連想させるものであった。

以上のように、一九七〇年代の「維新」ナショナリズムは、六〇年代以来の「産業化」ナショナリズムの系譜に位置づけられるものであり、北朝鮮を凌駕する経済強国を建設するという強力な国家意思に支えられていた。

㈢「維新」ナショナリズムと「二つのコリア」政策

「維新」ナショナリズムは、維新体制という韓国特有の理念に基づくものであると共に、北朝鮮との体制競争に勝ち抜くまでの「時間稼ぎ」という側面を持っていた。朴正熙は、維新体制によって、四年ごとの大統領直接選挙によって国民に信を問わなければならない手続きを廃止し、ほぼ半永久的な大統領の地位を獲得した。しかし、「維新」ナショナリズムは、維新体制を北朝鮮地域にまで拡散して朝鮮半島全体を覆い尽くすような体制を構想したとは言い難く、あくまで暫定的に韓国だけを対象としたものであった。たとえ、北朝鮮のような一枚岩の体制と対抗するために、自らも一枚岩の体制を構築しなければならないと認識したとしても、やはり北朝鮮の体制は韓国の体制とは異質であり、韓国は韓国なりの理念に基づき、北朝鮮とは異質な体制を構築することを念頭に置いていた。その意味では、必ずしも統一ナショナリズムを念頭に置いたものではなかった。

それは、一九七三年に朴正熙政権が明確にした「二つのコリア」政策に反映された。従来、南北共に、相手は「傀儡」に過ぎず、自らこそ朝鮮を代表する唯一正統な政府であることを夕テマエとした。その意味では南北双方とも「一つのコリア」という原則的な立場に基づき「二つのコリア」という現状を認めてこなかった。しかし、七三年六月二三日の六・二三宣言（平和統一外交政策に関する大統領特別声明）によって、北朝鮮と国交を持つ国家との間でも韓国は国交を樹立する用意があることを明確にし、さらに国連など国際組織において北朝鮮の加盟を排除しない、言い換えれば、北朝鮮がたとえ加盟したとしても韓国がそれを理由に脱退することなどは考えず、国連への別々の国家としての加盟を考えることなどを内容とする「二つのコリア」政策へと舵を切ることになった。統一を放棄したわけではないが、統一を長いプロセスとして考え、それに至る過程では南北の平和共存下における体制競争を指向したという意味で、「維新」ナショナリズムは韓国だけを基盤としたものであった。

㈣「維新」ナショナリズムと米国

「維新」ナショナリズムがより一層明確な形で現れたのは、日米という大国との関係であり、対大国ナショナリズムという側面を強烈に意識した。朴正熙は、大国の都合によって自国の運命が左右されてきた歴史に対する痛烈な自覚を持ち、そうした運命を繰り返さないため、自らの運命は自らが切り開くという強い決意を持って維新体制を構築した。

何よりも、韓国の同盟国であり、駐韓米軍に韓国の安全保障の相当部分を依存していた米国との関係で、「維新」ナショナリズムは顕著に示された。朝鮮戦争で、米国は国連軍として介入し韓国という国家の生存に寄与した。その後も韓国との間に相互防衛条約を締結し、約六万人規模の米軍を駐留させ続けた。ところが、朝鮮戦争後の秩序が相対的に安定化し、朝鮮半島を舞台とした大国の全面的介入を伴う戦争の可能性が低下する一九六〇年代初頭より、駐韓米軍の削減可能性が米国政府内部で議論され始めた。朴正熙政権は、韓国軍のベトナム派兵を自ら米国に申し出ることによって、駐韓米軍の削減分をベトナム戦争に配備するという名分を封印することに成功した。米国としても、主要同盟国の積極的な支持を獲得できず、国際的にも批判の的になっていたという意味で「孤独な戦争」であったベトナム戦争における韓国の参戦は、軍事面においても外交面においても非常に助けとなるものであったため、一九六七年まで米韓関係は「蜜月」とも呼ばれる良好な関係を維持した。

しかし、一九六八年に入ると、米韓関係に「隙間風」が吹き始める。一月に、まず、朴正熙の暗殺を企図した北朝鮮ゲリラ部隊の韓国への大規模侵入事件が起こった。これは韓国軍によって鎮圧され、朴正熙はこれに対する軍事的な報復を辞さずという姿勢を示したが、状況のエスカレーションを危惧した米国ジョンソン政権によって抑えられた。ところが、その直後、今度は米海軍の偵察船プエブロ号が北朝鮮近海で北朝鮮によって拿捕され乗組員が抑留されるという、いわゆる「プエブロ号事件」が起こった。今度は、米国は乗組員の釈放を求めなければならないこともあり、韓国の頭越しに北朝鮮と直接交渉を行い、乗組員を釈放してもらわなければならなかったとは言え、北朝鮮に対して事実上の謝罪を行った。

この二つの事件によって、北朝鮮に対する脅威認識や、それへの対応に関して、米韓間に乖離があることが露呈した。北朝鮮の軍事的脅威を韓国が切迫したものと考えるのに対して、北朝鮮が韓国に加える脅威に関して、米国はそれほど切迫したものではないと考え、強硬な対応を選択肢から排除した。米国は、朝鮮半島における南北間の軍事的緊張のエスカレーションに巻き込まれることを恐れたのである。対称的な南北関係と非対称的な米朝関係を考慮すれば、致し方ないことではあったが、韓国政府としては、朝鮮半島有事の場合、米国が韓国防衛のためにどれだけ十分な関与をしてくれるつもりなのかに関して疑念を持たざるを得なかった。韓国としては、これを安全保障における危機として認識したのである。

さらに、韓国軍の介入にもかかわらずベトナム戦争における米国の不利な状況は改善されず、米国はベトナム戦争からの撤退を考えるようになる。一九六九年に登場したニクソン政権は、一方で、敵対していた中国との関係改善に踏み込み、他方で駐韓米軍の削減を視野に入れる。これは、朴正煕政権から見ると、韓国軍のベトナム派兵によって封印したはずの駐韓米軍の削減が現実のものとなることであり、「悪夢」とも言える。さらに、中国をめぐる国際関係の変容は、そこに埋め込まれていた朝鮮半島をめぐる情勢にも少なからぬ影響を及ぼすことになり、新たな対応を迫られることになる。

朴正煕政権は、そうした変化に茫然として手をこまねいていたわけではなく、一方で駐韓米軍の削減や撤退に歯止めをかけるような対策を講じながらも、他方でそれを見越した韓国の

「自主国防」のための準備を進めた。南北対話の開始や、「一つのコリア」政策から「二つのコリア」政策への変化などは、流動化する国際情勢への対応を念頭に置いたものであった。しかし、大国間国際政治の変容は、韓国にとっては統制不能なものであり、朴正熙は、対応を模索しながらも、大国間国際政治に韓国が影響されざるを得ない不条理を感じていた。したがって、韓国が種々の面で大国の影響を受けざるを得ないという現実を受け入れつつも、大国の恣意的な変化がもたらす韓国にとっての不利な影響を最小化するための対応を考えることになる。(3)

一九六〇年代まで、韓国が米国の軍事援助、経済援助に依存していた時期において、米国に対して朴正熙政権は「金は出すが、口を出さない」ことが望ましいと考えたが、米国は逆に「金を出すのだから、口も出す」という姿勢であり、その意味では、米韓関係に摩擦がなかったわけではなかった。米国は援助を武器に、軍事クーデタ後の民政移管を早期に実施させたり、韓国の経済開発計画の方向を基幹産業の建設を中心とする「内包的工業化」から、労働集約的な軽工業を中心とする輸出指向型工業化へ変えさせたりした。こうした摩擦は、相互の必要性や自己抑制を通して何とか管理されてきた。

しかし、米国の関与が不透明になる状況の中、朴正熙政権としても、対米不信感を強めて米国に過度に依存しないような関係を構想するようになる。しかし、米国から見ると、一方で韓国が米国の言うことを聞かなくなることを意味するわけで、従来であれば抑制的であった韓国への批判が強まることになる。政府はある程度韓国の人権状況を黙認したとしても、議会や世論において批判が高まることになる。さらに、韓国は自主国防の究極の手段として核武装の可能性を模索するが、これは米国が支える核不拡散体制と真っ向から衝突するだけに、米韓関係の緊張をさらに高めた。

このように米国との緊張関係が高まる中で、朴正熙政権は「維新」ナショナリズムとして、米国の意向に反抗してでも韓国の国益を貫徹する必要があること、そうした姿勢を米国に示すことこそが、米国の対韓関与を確実なものにするためには必要であることを示そうとした。

㊄「維新」ナショナリズムと日本

では、「維新の元祖」である日本との関係はどうであったのか。もちろん、この「維新」ナショナリズムの対大国ナショナリズムの大国の中には日本も含まれていた。しかし、日本の位置づけは米国ほど明確ではなかった。韓国にとって日本は対米同盟関係を共有し反共自由主義陣営を共に構成する国家であるが、過去自らを侵略した当事者であり、依然として不信感を持つため、日本への依存度を高めることに対する拒否感が、韓国社会には強かった。さらに、米国の関与が不透明になる中、米国に代わって韓国への支援が可能なのは日本しかないという状況であり、そのために対日関係は重要である。しかし、米国は韓国に対する関与の減少の補填を日本に求めているように、日本への依存が高まることが逆に米国の「韓国離れ」を助長することになってしまうのではないかという危惧も、韓国社会には存在した。

そのうえ、韓国から見ると、韓国が共産主義に対する「矢面」に立って日本の安全保障の費用を自ら負担しているのだから、日本は当然、そうした費用を分担する必要があるわけで、日本が韓国に対する支援を積極的に行う義務があると考えていた。にもかかわらず、日本は韓国に対する支援を、何か韓国のために「恩恵」を施しているかのように振る舞うことが多く、また、時には、「出し渋り」をして韓国に対する支援に必ずしも積極的ではない。さらに、場合によっては韓国と敵対する中国や北朝鮮との関係改善も模索したりすることで、韓国にとっては日本の外交政策は朝鮮半島に対する「二股外交」であり、信頼できないと映る。(4)

一九七〇年代の日韓関係には、米国の関与が不透明になる状況への対応として日韓が接近する力学が働いた。韓国にとっての「用日」ナショナリズムの必要性はより一層高まる。しかし、具体的な事件に焦点を当てると、日韓関係は非常に緊張に満ちたものであった。

一九七三年八月八日に東京のホテルグランドパレスで、滞在中の金大中前野党大統領候補が韓国中央情報部によって拉致され、韓国に強制送還され、その後も自宅軟禁下に置かれることになった「金大中拉致事件」が、日本社会を震撼させた。日本国内で、韓国維新体制下の人権弾圧状況に対する批判が高まると共に、日本に対する「主権侵害」であるとして、ナショナリズムに基づく対韓批判も、保守と革新の政治的立場を横断して高まることになった。

さらに、翌七四年八月一五日に、今度は韓国の独立記念日式典において、在日韓国人の文世《ムンセ》光《グァン》が朴正煕大統領を狙撃し、結果として陸英修《ユギョンス》大統領夫人が殺害されるという事件が起こった。特に、文世光が日本国の偽造旅券を使用して入国したことや、使用した拳銃が日本の警察から奪取したものであったことから、日本政府の責任を問う声が韓国国内で高まった。さらに、日本の一部マスコミが、この事件を韓国の「自作自演」ではないかという疑いを示唆したり、いずれにしても韓国政府にも責任の一端があるという報道をしたりしたことに起因して、韓国国内では対日批判が高揚し、一部には対日断交の可能性も示唆されたほどであった。

この二つの事件はある意味では突発的な事件であったが、こうした事件に起因して日韓関係の緊張が高まった背景には、デタントという状況に対する日韓の対応の違いが存在した。日本は、デタントに「便乗」して対中関係の改善に積極的に取り組み、一九七二年に日中国交正常化を断行し、七八年には日中平和友好条約を締結した。さらに北朝鮮との貿易や投資などに対する制限を緩和するなど、経済を通して対北朝鮮関係の改善を模索した。それに対して、韓国も一方では封印していた対共産圏外交に取り組むなど、デタントへ「便乗」する姿勢を示したが、他方で、日本の対中外交はともかく、対北朝鮮外交に対する警戒を隠さなかった。日朝関係が進展することは、北朝鮮との外交競争において北朝鮮のプラス材料になり、韓国には決定的に不利な材料を提供することになってしまうという認識に基づき、日本政府に対して、北朝鮮との経済関係の進展を批判したり、日本国内の親北朝鮮系の在日朝鮮人運動への規制強化を求めたりするなど、日朝関係を進展させないようにブレーキをかけ続けた。そうした北朝鮮をめぐる日韓の葛藤の中で、この二つの事件は起こったのである。

しかし、韓国にとっては、米国の関与が不透明な状況で、日韓関係を堅固にする必要性は高まる。そして、米国の対韓援助の減少を日本が補塡しながらも、米国援助の完全な代替的役割を日本が果たすことのないように、対日関係や対米関係を韓国なりに「調整」する必要がある。そうした日米韓の微妙な関係は、カーター政権による駐韓米地上軍の撤退問題への対応において、米軍の撤退がもたらす不安定化に起因した懸念を共有した日韓が、米国に働きかけて、駐韓米軍の撤退を「撤回」させるために協力したことに現れた。「維新」が日本起源であることに加えて、元来、日本に対する警戒感の強い国内世論を前提とした上で、米国の対韓関与の先行きが不透明になる状況に対応するために、対日政策をどのように位置づけるのかという「用日」ナショナリズムが、「維新」ナショナリズムの中では問われていたのである。

㊅「維新」ナショナリズムと冷戦

さらに、「維新」ナショナリズムは、冷戦によってそれまで閉ざされていた共産圏諸国との関係について、その改善を模索し実利外交を指向するという副産物を伴うものであった。実際に、一九七〇年代に入ると、韓国は共産圏諸国との外交を従前よりも活発化することになる。反共というイデオロギーを前面に立てた外交ではなく、韓国の国益のためであればイデオロギーの違いを乗り越えた、陣営を跨ぐ外交を展開することも厭わないようになったのである。

しかし、少なくとも一九七〇年代には、韓国の対共産圏外交は、共産圏諸国との国交正常化などの可視的な成果を収めることはなかった。何よりも、こうした国々が、対北朝鮮関係を犠牲にしてまでも、対韓関係の改善に踏み切るだけの動機付けを持たなかったからである。言い換えれば、韓国がそうした動機付けを付与できなかったということになる。中ソを始めとする共産圏諸国にとって、韓国との関係改善に踏み込むことは北朝鮮との良好な関係を犠牲にすることを意味する。そして、対立する中ソにとっては、北朝鮮との関係を犠牲にすることは、相手よりも不利になると認識されたために、それを可能な限り回避しようとした。したがって、韓国との関係改善によって獲得することができる利益の方が北朝鮮との関係悪化によって失われる利益よりも大きいと認識されることで初めて、韓国との関係改善に踏み切ることを決断できるわけだが、七〇年代の韓国は共産圏諸国にとってそれほど魅力のある存在ではなかったのである。

さらに、韓国の対共産圏外交は次のようなディレンマを抱えた。親ソ的な東欧諸国との関係改善は、ソ連がそれを認めなければ難しい状況であった。そこで、ソ連の影響力を相対的に受けない東欧諸国、具体的にはルーマニアやユーゴスラヴィアとの関係改善に韓国は優先順位を置いた。しかし、そうした国々は、他の東欧諸国よりも北朝鮮との関係が密接であった。ソ連からの相対的自律性を指向するという外交政策を、北朝鮮との間で相当程度共有していたからだとも言える。したがって、韓国としては東欧諸国との関係改善が期待したほど進まないという状況に直面した。

但し、こうした状況は後述するように、一九八〇年代になると大きく変容する。韓国が持続的経済発展を達成し経済力を付けるにしたがって、対韓関係の改善がもたらす経済的利益を、対北朝鮮関係を犠牲にしてでも獲得する方向に、多くの共産圏諸国が向かうことになったからである。

以上のように、一九七〇年代に顕著になった韓国の「維新」ナショナリズムは、対北朝鮮関係が劣勢から均衡、優位へと変化する状況に対応した、韓国だけに基盤を置いたナショナリズムであり、さらに、日米という同盟国もしくは友好国である大国からのやみくもな自立ではなく、いかにそうした大国の力を利用しながらも大国の恣意によって翻弄されない、そうした意味での「用米」「用日」を目指すという性格を色濃く持っていた。また、冷戦に制約されながらも、冷戦に厳格に閉じ込められたものではなく、陣営を跨ぐ外交の可能性を切り開いたものであった。

㈦「維新」ナショナリズムとそれに対抗するナショナリズム

では、一九七〇年代、維新体制下の韓国ナショナリズムは、「維新」ナショナリズムだけが席巻していたのか。そうではない。韓国において、ナショナリズムというのは絶対的な国是とでも言うべきものであり、それ自体を批判することは非常に困難であった。しかし、だからと言って「維新」ナショナリズムの下で国民が一致団結していたわけではない。維新体制下では、体制側は、ナショナリズムの名の下に国内の異論を抑え込もうとした。「維新」ナショナリズムは、そうしたイデオロギー的な抑圧装置としての役割を果たした。

ところが、それに対する批判勢力の側もナショナリズムというシンボルを使って政府を批判した。「民族の利益」に立脚して政府の政策を「反・民族主義」と批判したわけである。「反・民族主義」であるという批判の内容は、一つは政府の政策が日米などの大国に従属しており「民族の利益」に反するものであるということ、もう一つは統一に対して消極的であり「反統一」的であるということである。

実際に、維新体制下における韓国経済は、持続的な経済発展を達成してはいたが、対日貿易赤字が増大の一途を辿るなど、その「対外従属」的側面が批判されることが多かった。また、国内においても、財閥を中心とする大企業と、中小企業との「二重構造」が問題視され、順調に経済発展を持続していくのか疑問視されていた。また、朴正煕政権は南北対話や即時統一に積極的に取り組むよりも、「先建設・後統一」や「先平和・後統一」を掲げ、北朝鮮との体制競争における優位を占めることを重視した。

こうした政府主導の「維新」ナショナリズムとそれに基づく政策は、維新体制を批判する民主化運動から見ると、「対外従属」がより一層強化されているという点、そして統一には熱心ではないという点、こうした二重の意味で「反・民族主義」であると批判されていた。このように、政府による「維新」ナショナリズムという「上からのナショナリズム」と、批判勢力による「下からのナショナリズム」とが対峙していたのである。そして、こうした「下からのナショナリズム」は、その思想においても担い手においても、一九六〇年代以来の「民主化」ナショナリズムの系譜を受け継ぐものであった。

但し、こうした「民主化」ナショナリズムには、「用米」「用日」など用大国によって政府を批判するという側面があった。言い換えれば、米国政府や社会、そして日本社会の共感勢力に維新体制下の人権弾圧を訴えかけることによって、そうした外圧を利用して維新体制を「外から」批判しようとするものであった。国内においては、そうした批判が困難な状況で、大国の力を利用することによって韓国の人権状況を批判し、それによって人権状況を改善させようとする試みであった。こうした運動には、国境を越えるキリスト教のネットワークが貢献した。日本の雑誌『世界』に連載された「韓国からの通信」はT・K生という匿名の筆者によるものであったが、韓国の維新体制下における人権状況を生々しく伝えることで、韓国に対する関心をひきつけ、人権弾圧を制約するための維新体制への外圧として一定程度は作用した。(5)

北朝鮮の「主体」ナショナリズム

北朝鮮の主体思想は、一九六〇年代に、中ソ対立の渦中における北朝鮮の自立という対大国ナショナリズムと、国内における金日成の個人崇拝による独裁体制の強化という近代化ナショナリズムという二つの側面を持っていた。ところが、七〇年代になると、もう一つ別の役割、即ち、金日成から金正日への世襲後継体制を正当化する役割を担うことになる。「社会政治的生命体」である国家における「脳髄」としての「首領」の役割は絶対的なものである。にもかかわらず、首領である金日成の肉体的生命は有限である。もちろん、金日成の存在は絶対的なものであり、それに代わり得る存在はない。だからこそ、金日成を「永遠の国家主席」にしたわけである。にもかかわらず、生命体である国家を生存させるためには、金日成に代わる脳髄としての首領がどうしても必要になるし、それを何らかの形で供給しなければならない。七〇年の朝鮮労働党第五回党大会によって金正日が政治的に頭角を現し、八〇年の第六回党大会で金正日の後継体制が確立されたことを考えると、首領の永遠性を血統で正当化することで「首領の永遠性」を担保したことになる。

このように主体思想が当初持っていた素朴なナショナリズムが、中ソ対立下における対大国ナショナリズムへと、さらに個人独裁、世襲制を正当化するためのナショナリズムへと変容していったのである。では、「主体」ナショナリズムは、それ以前のナショナリズムとの対比でどのような特徴を持っていたのか。

第一に、北朝鮮が主導して統一を指向するという意味での民族的指向よりも、大国との関係を優先させるという意味での対大国指向が強いという点である。一九六〇年代までは、北朝鮮は韓国よりも優位な体制を持つという自信を背景に、駐韓米軍を撤退させ米国の干渉を排除するという条件付きではあったが、朝鮮戦争を法的に終結させる平和協定を韓国との間で「南北平和協定」として締結し、韓国との間で統一を議論しようという立場であった。しかし、七〇年代に入り南北対話に踏み切りながら立場を変えていく。駐韓米軍の撤退が絶対に譲れない前提条件であり、そのためには米国と直接交渉し「米朝平和協定」を締結しなければならないという立場への変更である。朝鮮のことは大国ではなく自分たちで決めるべきだという従来の主張からすると、それと一見背反する主張である。

これは、韓国がそれまでの姿勢を変えて南北対話に積極的に取り組むようになったことに対する戦術的な対応であると見ることもできる。韓国を相手にせず米国だけを相手にするという姿勢は、韓国が傀儡であるという従来の立場の延長線上に位置づけることができるかもしれない。しかし、南北統一の一方の当事者である韓国を除外して、米国とだけ平和協定を締結するという姿勢は、たとえ対話を中断したとは言え、一旦南北対話に踏み出した後であっただけに、第三者から見ても説得力のあるものではなかった。

第二に、北朝鮮自身の「一つのコリア」政策との整合性という問題である。一九七三年以後、南北双方のアプローチは、韓国の「二つのコリア」政策、北朝鮮の「一つのコリア」政策に分岐した。(6) 韓国の「二つのコリア」政策は、韓国と北朝鮮という二つの国家が存在している現状に対する当事者同士の相互承認、国際社会による承認を求めるところから出発しようとするものであり、韓国を基盤として北朝鮮との間での体制競争に臨むという「維新」ナショナリズムとは整合していた。しかし、北朝鮮の「一つのコリア」政策は、韓国と北朝鮮という二つの国家の国際的承認も求めないし、当事者同士の交渉にも消極的であるというものであった。ところが、主体思想という北朝鮮の特殊な体制イデオロギーに基づく「主体」ナショナリズムを掲げることは、韓国を包摂するというものではなく、統一ナショナリズムを強調する「一つのコリア」政策との間には乖離が見られる。北朝鮮は、南北の既存体制に干渉し合わない形で連邦国家を建設するという「高麗連邦共和国」構想を掲げることで、その矛盾を解消しようとした。にもかかわらず、北朝鮮にしか通用しない独自のイデオロギーを定着させながら「一つのコリア」政策にこだわるという姿勢は、その整合性という点で問題を抱えざるを得ないものであった。

第三に、北朝鮮の特殊性のみが強調されることで他の第三世界への訴求力を失うことになったという点である。北朝鮮が中ソ対立の狭間で生存するためにも、中ソの体制イデオロギーとは異なる主体思想を自ら開発し、初期には、それを他の第三世界の社会主義国家にも伝播し主体思想の普及を試みた。その結果、アフリカ諸国などにも北朝鮮の支援で「主体思想研究所」が設立された。しかし、主体思想自体が、個人独裁や世襲制を正当化するためのものに変質するのに伴い、その訴求力は失われた。結局、主体思想の普及には失敗し、それは北朝鮮「ローカル」なものに留まることになった。

「維新」ナショナリズムと「主体」ナショナリズム

以上のように、韓国の「維新」ナショナリズム、北朝鮮の「主体」ナショナリズムともに、朝鮮半島全域を基盤としたものではなかった。それぞれの支配地域を基盤として、相互に競争する「競争」ナショナリズムという点では共通する。朝鮮半島全体という「仮想国家」ではなく、韓国という実在する国家を基盤とするナショナリズム、そして、一九七三年六・二三宣言以後、公式化した「二つのコリア」政策は、より一層、韓国の「維新」ナショナリズムと北朝鮮の「主体」ナショナリズムとの競争という側面を浮き彫りにすることになった。しかも、双方とも、日米中ソという大国からの相対的自律性を指向するという、対大国ナショナリズムとしての共通性も持っていた。このように、韓国と北朝鮮は、経済、外交、政治などの諸領域で、それまでの北朝鮮優位、韓国の劣勢という優劣の関係から、南北均衡状況に変容していく中で、「維新」ナショナリズムと「主体」ナショナリズムは、「競争」する分断ナショナリズムであるという点での類似性が高まる。これは、韓国と北朝鮮が対称性を持つようになったことに起因する。

しかし、そうした中で、政策における対照性は顕著になる。韓国の「二つのコリア」政策と北朝鮮の「一つのコリア」政策という対照性である。韓国、北朝鮮という「二つのコリア」という現状に関する相互承認と国際的承認から出発するべきだと主張する韓国に対して、北朝鮮は、それは「分断の固定化」であると批判し、南北対話も拒否した。さらに、日米が北朝鮮を承認し、中ソが韓国を承認するという「クロス承認」(7)を韓国が主張したにもかかわらず、北朝鮮はそれに同調しないように中ソに働きかけることで、「クロス承認」にも向かわせなかった。提示した唯一の代案が、相互の体制の現状維持に対する相互承認を前提とした連邦国家構想であった。

北朝鮮が「一つのコリア」政策に固執するのであれば、韓国を包摂するような新たな統一ナショナリズムを提示する必要があったわけだが、北朝鮮の「主体」ナショナリズムはそうした資格を持たない「内向き」なものでしかなかった。南北外交競争が熾烈になる過程で、一九七五年八月のペルーの首都リマでの非同盟外相会議において、韓国が加盟に失敗し北朝鮮だけが加盟を承認された。このように、対第三世界外交において北朝鮮は有利な高地に立ったにもかかわらず、統一ナショナリズムを強調しながらも韓国よりも米国との関係を重視したり、「一つのコリア」政策に執着しながらも「主体」ナショナリズムという北朝鮮「ローカル」な分断ナショナリズムを主張したりするなど、北朝鮮外交のちぐはぐな矛盾が、親北朝鮮の国々からも認識されていた。

一九八〇年代における南北ナショナリズムの変容

一九八〇年代に入ると、北朝鮮以外で大きな政治変動が起こる。韓国では、七九年一〇月二六日、朴正熙大統領が金載圭中央情報部部長に殺害されて維新体制は終焉を迎えた。そして、その後、一二・一二軍内クーデタによる新軍部勢力による軍の掌握、そして、翌八〇年五・一八光州民主化運動に対する弾圧などを経て、全斗煥《チョンドゥファン》ら新軍部勢力を中心とする第五共和国という「擬似維新体制」が成立した。この第五共和国の下で政治的安定が達成されるかに思われたが、国民の民主化要求は屈することなく持続し、ついに八七年の「六月民主化抗争」によって頂点に達した民主化運動は、大統領直接選挙の実施などを骨子とする憲法改正を勝ち取った。八七年一二月の大統領選挙では、野党候補の金泳三《キムヨンサム》、金大中の候補一本化に失敗したこともあって、与党の盧泰愚《ノテウ》が勝利し与野党政権交代はならなかったが、権威主義体制から民主主義体制への体制移行は比較的順調に進んだ。

アメリカでも、民主党のカーター大統領の再選が共和党レーガンによって阻まれ、一九八一年に与野党政権交代が実現した。中国では七〇年代前半の政治的混乱を脱して、改革開放路線を推進する鄧小平体制が確立された。ソ連では、八五年に登場したゴルバチョフ体制下、ペレストロイカが推進され、それは脱共産主義化にまで向かった。

南北関係に関して、一九八〇年代、韓国が持続的な経済発展を達成したのに対して、北朝鮮は経済停滞が続き、南北の経済格差は挽回不可能で決定的なものとなった。さらに、中ソの経済優先路線は中ソ対立を緩和させ、北朝鮮に比べて圧倒的な経済力を持った韓国との関係改善の方を中ソ共に優先するようになった。このようにして、七〇年代に、陣営を跨がって展開された韓国の対共産圏外交は、八〇年代に入っても「北方外交」として発展し、一挙に開花した。八九年のハンガリーとの国交正常化を皮切りに、九〇年のソ連との国交正常化、そして、ついに九二年には中国との国交正常化が実現されたのである。こうした南北関係の変化、さらに、朝鮮半島を取り巻く国際環境の変化は、韓国の「維新」ナショナリズムと北朝鮮の「主体」ナショナリズムにも変容を迫ることになる。

(一)「維新」ナショナリズムの変容と「用米」「用日」ナショナリズム

韓国の第五共和国と維新体制との関係は複雑である。大統領間接選挙制を踏襲したことにも現れるように、第五共和国は政治体制という点では「維新体制の延長」と言っても過言ではない。しかし、全斗煥政権は維新体制とは異なることを殊更に強調した。その代表的なものが、七年任期の大統領を一期限りで必ず辞めるという公約であった。朴正熙は、憲法で定められた二期八年までという大統領任期の制限を、一九六九年の三選改憲と七二年の維新体制という二度の改憲を通して撤廃することで、六一年から七九年までの合計一八年間政権を掌握し続けた。全斗煥はそれを意識して、自分は一期七年で必ず辞めると公約することで、朴正熙や維新体制との違いを強調したのである。また、経済政策に関して安定化・自由化政策に重点を置くなど、政府主導の統制政策や成長優先政策に重点を置いた維新体制との差別化を図った。また対米関係をはじめとした外交政策に関しても維新体制との違いを強調した。朴正熙政権とカーター政権による米韓関係は、駐韓米軍の撤退問題、韓国の人権問題、韓国の核開発問題などに起因して、摩擦が絶えなかった。両政権の末期には、駐韓米軍の撤退が実質的には撤回されるなど、摩擦がある程度解消された。にもかかわらず政権同士は良好な関係とは言い難かった。しかし、全斗煥政権とレーガン政権とでは、両者の思惑が一致したこともあって、米韓関係は急速に修復された。

全斗煥政権は、光州民主化運動に対する無慈悲な弾圧によって成立したことにも現れるように、その成立当初より、多くの国民は政権の正統性に対して強い不信感を持っていた。全斗煥政権はそれを米国の支持によって補塡する必要があると考えたために、朴正煕政権とは対照的に対米関係に関しては、できる限り米国の意向を尊重するという「低姿勢」な対応であった。核武装を断念することを米国に伝え、内乱陰謀罪によって死刑判決を受けた金大中の救命と亡命を約束し、それと引き替えに、レーガン政権最初の国賓としての訪米を行った。

レーガン政権も、北朝鮮の軍事的脅威は決して低下していないという、朝鮮半島情勢に関する再評価に基づき、米軍駐留継続の必要性を認識した。したがって、韓国への関与を強めることで韓国に対する影響力を保持することを選択した。それが米国の国益に合致するものであると認識したためである。

こうした対大国関係という点では、日本との関係も同様である。対日関係の担い手という点では、全斗煥政権と朴正煕政権との間では大幅な世代交代が行われた。そして、政権初期には、日本に対して「第二の国交正常化」とも比喩されるような「安保経協」を要求した。韓国は日本の安全保障に貢献しているのだから、日本も応分の負担をする義務があり、そのために韓国に対する経済協力を積極的に行うべきであるという主張である。当初、こうした要求は日本にとって唐突なものではあったが、成立したばかりの全斗煥政権を安定化させるためには、こうした経済協力が必要だという米国レーガン政権の要請もあり、日本は韓国に対する四〇億ドルの「安保経協」を決断した。さらに、全斗煥政権期には、日本の教科書問題や中曾根康弘首相の靖国参拝問題などをめぐり、日本との間で歴史問題が浮上したが、韓国政府は「反日」ではなく「克日」という言葉を掲げることで、この問題に対応した。このように、日本に対しても、日本の力を韓国の安定や発展のために積極的に利用するという「用日」ナショナリズムを選択した。

大国に対する自律性を強力に主張するという側面が影を潜め、大国の力を利用することで体制競争における韓国の優位を確実なものにすることの方に重点を置くという方向に、韓国ナショナリズムは変容した。こうした点で、大国からの自立を急いだ朴正熙政権の「維新」ナショナリズムとは対照的ではある。しかし、大国の力を利用することによって、国内の政治的安定を図るとともに、北朝鮮との体制競争における経済的および外交的勝利を確実にするという点では、一貫性を持っていた。幾分か内向きに振れた防御的なナショナリズムが、外向きで攻勢的なものに戻ったと評価することができる。

一九七〇年代、韓国は北朝鮮との外交競争において「追い上げ」に直面したことは事実である。修交国数において七〇年の時点で韓国八二ヵ国、北朝鮮三二ヵ国という北朝鮮の圧倒的に不利な状況が、八〇年には、韓国一一四ヵ国、北朝鮮九三ヵ国と、北朝鮮は修交国数を約三倍にするなど、韓国に対する劣勢を相当程度挽回したからである。しかし、こうした北朝鮮有利の趨勢は八〇年代に入ると再び韓国優位へと逆流し、九〇年には、修交国数において韓国一四四ヵ国、北朝鮮一〇六ヵ国とその差が再び拡大することになった。このように、韓国は中ソなど社会主義国もしくは旧社会主義国と国交を正常化することによって、北朝鮮に対する外交面での勝利を決定づけた。こうした八〇年代における韓国外交の巻き返しに大きく貢献したのは、韓国の経済力増大に起因した、社会主義諸国や第三世界諸国に対する経済援助などを通した影響力増大であった。

(二)「産業化」ナショナリズムと「民主化」ナショナリズムの両立

一九八七年の六月民主化抗争を契機とした韓国の民主化は、それまで曖昧であった政治面における南北競争においても韓国優位を決定づけた。しかし、その過程は平坦なものではなかった。むしろ、その過程における政治的混乱が北朝鮮を利するのではないかと危惧されたこともあった。実際に、李承晩、朴正煕、全斗煥という歴代政権は、北朝鮮との体制競争を有利に進めるためには経済開発を優先させなければならないと考え、また、国内の政治的自由を大幅に認めることによって政治が混乱することは体制競争にマイナスになるという理由を掲げて、民主化運動を抑圧してきた。にもかかわらず、結果として、韓国の民主化は体制競争において全く逆の「韓国の勝利」という結果をもたらしたわけである。

一九八七年までは、「産業化」ナショナリズムが「民主化」ナショナリズムに優先してきた。南北体制競争においてまずは経済発展における優位を韓国が指向したからである。そして、それは予想以上の成果を上げ韓国優位を決定づけることになった。その意味で朴正熙政権が「産業化」ナショナリズムを掲げ、「民主化」ナショナリズムに優先させたという選択が、後の進歩勢力が言うように「誤った選択」だとは言い切れない。但し、経済発展に成功したから自動的に民主化されたのだという見方も説得力を欠く。その意味では、「産業化」ナショナリズムだけで民主化が達成されたかは疑問である。六月抗争に至る民主化運動をなぜ「民主化」ナショナリズムと呼ぶのか。これにどのような意味があるのか。

そもそも、一九六〇年代以降の民主化運動は常にナショナリズムに訴えかけてきたと言っても過言ではない。日韓国交正常化に対する反対運動は、朴正熙政権の独裁的手法への反対運動でもあったわけだが、日韓国交正常化を進める朴正熙政権を「低姿勢・屈辱外交」だとして批判し、その「反・民族主義」的性格を批判した。さらに、七〇年代の維新体制下における反維新民主化運動も、朴正熙政権の「反統一的」な姿勢を批判すると共に、米国政府や議会、世論の力を利用して維新体制を批判したように、ある種の「用米」ナショナリズムという側面を持った。また雑誌『世界』に連載されたT・K生の「韓国からの通信」によって日本の世論の批判を利用しようとしたという意味では「用日」ナショナリズムでもあった。言い換えれば、日米などの世論に訴えかけ、政府をある程度動かすことによって、朴正熙政権に対して自らのナショナリズムの方が優位であることを示そうとした。

確かに、韓国国内で置かれた状況が厳しいものであり、民主化運動が独力で韓国の民主化を達成することには限界があったため、国際世論に働きかけざるを得なかったわけだが、それを利用して政府に対して自らのナショナリズムの優位さを競い合っていたという意味では「民主化」ナショナリズムと見ることができる。さらに、そうした「民主化」ナショナリズムは、一九八七年の民主化に至る過程で、従来、「経済発展のためには独裁はやむを得ない」「北朝鮮と対峙する冷戦状況下では民主主義は犠牲にされてもやむを得ない」という、正に、従来北朝鮮との体制競争に臨んだ韓国の「産業化」ナショナリズムの論理を脱正当化することによって、冷戦と開発独裁によって制約され続けた民主化を、その制約を打破することによってついに達成することを可能にしたのである。「経済発展のために民主主義が犠牲にされてもやむを得ない」のではなく、「民主主義と両立するような経済発展を模索しなければならない」のであり、「冷戦があるかぎり民主主義は犠牲にされざるを得ない」のではなく、「韓国自体が冷戦を克服する視座や力を持つことによって、民主化を通して冷戦体制や南北分断を克服する」のである。

韓国の民主化運動は、こうした新たな視座を獲得することによって、それまでどちらかというと民主化を制約する側に加担していた米国を逆に民主化を促進し支持する側に回らせたのである。それまで、米国は、冷戦体制下で韓国が反共の防波堤としての役割を担うことを優先させており、韓国の民主化にはほとんど関心を示さなかった。したがって、一九六一年の五・一六軍事クーデタの時も、また八〇年の五・一八光州民衆抗争の時も、作戦統制権を掌握した駐韓米軍司令官の許可を得ていないという意味で「違法」であった韓国軍の行動を、駐韓米軍司令官が仕方なく事後的に承認することで、結果として、その既成事実化に手を貸したのであった。

しかし、一九八七年六月民主化抗争の時には、米国政府は本国から特使を派遣したり、ソウル現地の駐韓大使や駐韓米軍司令官を通したりして、韓国政府に対して、非常戒厳令発布にブレーキをかけ続け、ついには、野党や民主化運動が要求する大統領直接選挙制度への憲法改正を全斗煥政権にも受け入れさせるのに相当程度の役割を果たした。こうした米国の姿勢転換の背景には、もし、従来と同じような事態が繰り返されてしまうと、韓国の民主化運動や国内世論が、「結局、米国は韓国の民主化の敵である」という認識を持つようになり、「抗米」ナショナリズムに傾斜してしまうことを恐れたからである。その意味で、韓国の「民主化」ナショナリズムが「抗米」ナショナリズムへの傾斜可能性を米国政府に示すことによって、民主化に対する米国の積極的な関与を引き出し、韓国政府の民主主義を弾圧する行動にブレーキをかけさせたという、「用米」ナショナリズムが結果として働いたのである。

㈢「主体」ナショナリズムの変容と孤立

北朝鮮の「主体」ナショナリズムの基本的な内容自体にそれほどの変化はない。にもかかわらず、北朝鮮を取り巻く国際環境が激変し、それに対して適切に対応できなかったために、従来の内容を「再解釈」して対応せざるを得なかった。韓国との競争における経済、外交など種々の側面における劣勢が明確になることによって、競争という側面が色褪せ、次第に、韓国の攻勢に対して北朝鮮の体制をいかに防御するのかという方向に向かうことになったからである。

第一に、一九八〇年代に入り、中ソが韓国との経済関係を進展させることで「北朝鮮離れ」を加速させることによって、北朝鮮は否応なく中ソからの自立を指向することに追い込まれたという点である。八〇年代に入り、中ソのそれぞれの政策変化によって中ソ対立が緩和することで、北朝鮮の対中・対ソ外交は中ソの「北朝鮮離れ」を加速する方向に作用した。七〇年代までは、中ソ対立の中で、北朝鮮が自立を主張することは、中ソともに北朝鮮を自らから遠ざけることにならないように、北朝鮮に配慮するという意味で、北朝鮮に対する中ソの支持をつなぎとめる力学として作用した。しかし、八〇年代に入ると、中ソからすれば、もはや北朝鮮に配慮することもなく、経済力を増しつつある韓国との関係改善によって経済的利益を獲得した方が有利だと判断するようになったのである。

第二に、対韓関係よりも対米関係を重視するという姿勢である。当初は、こうした主張の主眼は駐韓米軍の撤退を優先させるということであったが、次第に、韓国との直接交渉を避けるために行われることになる。北朝鮮にとっては、韓国との直接関係における力の劣勢が明確になるのにしたがって、南北の当事者間関係において北朝鮮が不利な状況に追い込まれることになるのは明らかなので、それを回避するためにも対米関係優先の姿勢を採らざるを得なくなる。

第三に、北朝鮮が従来維持してきた「一つのコリア」政策が逆に北朝鮮にとっては重荷になってきたことである。北朝鮮としては韓国に対する力の劣勢の自覚が韓国との距離を置く必要を高めることになった。したがって、「二つのコリア」政策に基づいて現状を維持した方が、北朝鮮にとっては利益になるはずであった。にもかかわらず、「一つのコリア」政策への固執は、北朝鮮の主張の非現実性を露呈し、北朝鮮外交の孤立を深める結果となり、むしろ北朝鮮にとって不利に作用した。北朝鮮の「一つのコリア」政策が韓国に対する北朝鮮の力の優位に裏付けられたものであれば、「分断の固定化」を認めないためだという北朝鮮の主張は、第三者にも説得力を持って受け止められた。しかし、そうした力の裏付けのない主張は、韓国との直接交渉を回避するためだけの「戦術」に過ぎないと受け止められるようになったのである。

北朝鮮が「一つのコリア」政策に固執していると、それまで北朝鮮だけとの単独修交国の中からも、北朝鮮と断交し、代わりに韓国と修交することを選択することで、北朝鮮を「見捨てる」ことを考える国が出てくるようになった。(8)にもかかわらず、それまで「二つのコリア」政策を分断の固定化であると痛烈に批判してきたために、「二つのコリア」政策への転換は容易ではなかったのである。

北朝鮮は、「一つのコリア」政策と「主体」ナショナリズムとの整合性を辛うじて支えるために、連邦国家の形成とそれによる「一つのコリア」を掲げてきた。ところが、この構想は、当初の「一つのコリア」というタテマエを強調する方向から、次第に、北朝鮮に対する韓国の干渉を排除して別々の体制を持続させるという意味での、現状維持、言い換えれば「分断の固定化」を図る方向に重点を移すようになる。したがって、実質的には「二つのコリア」政策とは変わらない帰結をもたらすことになる。

一九七〇年代、北朝鮮は、国際政治における中国の比重増大や非同盟勢力の台頭に便乗し、第三世界諸国との間での修交国数を拡大することで、それまで韓国の後塵を拝していた国際政治における存在感を挽回するようになった。さらに、韓国の「二つのコリア」政策を逆利用する形で、それまで韓国とだけ外交関係を持っていた国との間で国交を樹立するなどして、修交国数を飛躍的に拡大した。七〇年の時点でわずか三二ヵ国としか国交を持っていなかったのが、八〇年には、九三ヵ国と国交を持つまでになった。これは前述のように、韓国の修交国数の伸びをはるかに上回るスピードであった。以上のように、外交面における不利な状況を克服し、修交国数における韓国に対する不利を相当程度挽回することに成功した。しかし、こうした趨勢も、八〇年代に入ると反転し、北朝鮮は深刻な外交的孤立に陥ることになってしまった。

南北文化ナショナリズムの変容

分断状況が持続してくると言語を含めた文化的な異質性が顕著になる。一九六〇年代までは言語や文化の側面で依然として相当程度の共通性は維持されていた。それは、南北の体制ともに、分断状況は過渡的かつ暫定的なものであり、来るべき統一に備えて民族としての文化的同質性を維持する必要があるという要請が働いていたからである。

しかし、一九七〇年代に入ると、次第に、韓国、北朝鮮というそれぞれに基盤を置く分断ナショナリズムが形成されるようになった。当初は、これは政治経済の要請に基づく戦術的なものであったが、それが持続し定着するのに伴って、文化領域にも浸透していくことになる。統一的な朝鮮文化ナショナリズムではなく、韓国文化ナショナリズム、北朝鮮文化ナショナリズムというものである。北朝鮮は、社会主義国家を建設するという目標を持ち、それに応じた社会主義に適合的な新たな文化を「創造」するという事業を国家主導で行ってきた。韓国も同様に、反共主義に基づいて、共産主義と親和的な関係にある文化を排除してきた。但し、それは、あくまで、それを相手地域にまで浸透させることを前提とするものであり、それぞれの支配地域にだけ通用すればよいという考えではなかった。

しかし、一九七〇年代、「維新」ナショナリズム、「主体」ナショナリズムという、分断ナショナリズムの下で、相互に異なる現状を基準として、それ以前の共有する歴史を「再解釈」する動きに拍車がかかる。自らの独自の価値観を過去の「統一国家」の歴史の解釈に逆に投影しようとする、そうした文化的な営みに取り組むようになった。こうした分断的な文化ナショナリズムは、韓国、北朝鮮の双方で進むことになる。

そして、こうした文化的な営みは具体的に、それぞれの社会で使用される語彙においても現れる。北朝鮮では建国初期から漢字をほとんど使わない状況であったのに対して、韓国では当初は漢字が相当程度使用されていたが、次第にハングル専用化の動きが進められ、北朝鮮ほどではないにしても、漢字の使用が抑制されるようになった。但し、興味深いのは、韓国では漢字使用が抑制されたにもかかわらず、語彙自体は「漢字語」と呼ばれる、漢字起源の言葉が使用され続けたのに対して、北朝鮮では、そもそも漢字起源の言葉自体を排して、「固有語」と呼ばれるハングル起源の独自の言葉を新たに創造するようになった。こうした語彙の違いは、相互の文化的な異質性に拍車をかけることになる。換言すれば、同じ言語を使用しながらも、語彙に相当の違いが存在するために、必ずしも会話が十全には成立しない状況が生まれるようになったのである。

第五章　ポスト冷戦下南北ナショナリズムの非対称性（一九九〇年代以後）

本章では、一九九〇年を前後する時期における冷戦の終焉以後の、一九九〇年代と二〇〇〇年代の韓国・北朝鮮を対象として論じる。グローバル冷戦の終焉は朝鮮半島冷戦にも重大な影響を及ぼしたが、それは限定的なものであった。ソ連東欧社会主義圏が崩壊したのにもかかわらず、中国共産党や朝鮮労働党の党国家体制は維持され、南北分断体制は維持されたからである。改革開放路線を選択し、社会主義市場経済下で持続的な成長を遂げ、経済大国の仲間入りを果たした中国はともかく、北朝鮮は韓国との体制競争に敗北した。したがって、先進国への仲間入りを果たした韓国によって吸収されるのも時間の問題であると予想された。一九九四年に金日成が死亡、金正日後継体制下で水害などの自然災害に起因した「苦難の行軍」と呼ばれる食糧危機を経験、多数の餓死者を出し、北朝鮮の現体制の崩壊も時間の問題であると考えられた。にもかかわらず、北朝鮮はそうした危機を乗り越え、冷戦の終焉後も四半世紀以上生存し続けてきた。

南北の非対称性：経済・政治・外交

朝鮮半島冷戦がグローバル冷戦の反映物であるということを前提とすると、グローバル冷戦の終焉は、体制競争における優位を確保した韓国主導で朝鮮半島冷戦を終焉させると「期待」された。しかし、現状では、そうした「期待」は裏切られた格好である。なぜ、そうなったのか。

一九八〇年代までに、韓国と北朝鮮が競争するという構図は次第に非現実的なものになっていた。一人当たりGDP（国内総生産）において、七〇年代初頭の均衡から、その後二〇年を経過した九〇年代初頭には、韓国は北朝鮮の約九倍になり、経済力における格差は決定的なものとなった。(1) 経済力において北朝鮮が韓国と対等に競い合うという状況はほとんど不可能な状況であった。中国やベトナムが八〇年代以後、社会主義でありながらも市場経済を導入することによって持続的な発展を達成してきたこととは対照的であった。北朝鮮としても、東欧諸国や中国、ベトナムなどの事例を見て、経済発展を達成するためには、ある程度政治体制が流動化するリスクを冒しても市場経済を導入する必要があることは自覚していたはずなのだが、そうした選択をする場合に、経済力において圧倒的優位に立つ韓国経済によって吸収されてしまうというリスクの方を深刻に考えていた。言い換えれば、南北が統一を国是と考えていたが故に、北朝鮮は中国やベトナムのような「改革開放」の選択に踏み切れなかったと見るべきだろう。その結果、一九九〇年代に入ると、北朝鮮にとっては韓国と経済における体制競争を行って優位を占めるということは考え難くなっていった。

さらに、政治面においても北朝鮮は韓国の牙城を崩すことを断念せざるを得なくなった。それまでも、南北の経済的格差に起因して、南北関係を北朝鮮主導で展開することが次第に困難になってきた。にもかかわらず、北朝鮮は韓国政治の混乱に乗じて、南北関係を北朝鮮の有利に展開することができる好機にわずかな望みを託していた。韓国の維新体制や第五共和国のような独裁体制下で展開された民主化運動が、独裁体制を打倒し新たな政権を樹立した場合、北朝鮮により一層親近感を持つ体制が成立するのではないかという「期待」があったからである。しかし、一九八七年の韓国の民主化は、そうした北朝鮮の最後の望みに完全な終止符を打つ決定的な契機となった。新たに成立した民主主義体制は、北朝鮮の体制に親近感を持つどころか、逆に北朝鮮との異質性をより一層掻き立てることになったからである。[2] 換言すれば、韓国国民と北朝鮮の体制との距離は従来以上に広がったのである。

北朝鮮は金日成を「北朝鮮の指導者」としてではなく「民族の指導者」であるとしたが、主体思想が素朴なナショナリズムではなく、金日成の個人崇拝と独裁を正当化するイデオロギーになったことで、主体思想の普遍性を自ら制限してしまったからである。一九八〇年代後半、民主化直後の一時期、「主思派《チュサパ》（主体思想派）」が、韓国の学生運動の一部を担ったように、大国に対する朝鮮ナショナリズムという側面を共有する主体思想は韓国社会にもアピールする可能性を内包していた。にもかかわらず、主体思想は、大国支配への抵抗ナショナリズムという当初の内容から、次第に、北朝鮮の現体制を正当化する体制イデオロギーとして非常に内向きのものに変質してしまったのである。

さらに、韓国の民主主義体制に対する国内の正統性が確保されると共に、韓国と北朝鮮に対する国際的な評価も、韓国の圧倒的優位に確定された。その結果は、一九九〇年以降、韓国の修交国数は拡大の一途をたどり、二〇一七年現在、韓国は、北朝鮮、キューバ、マケドニア、シリア以外の全ての国と国交を持つまでになっている。韓国の修交国がほぼ全世界をカバーする一九〇ヵ国であり、北朝鮮の一六一ヵ国を大きく引き離している。

その結果、韓国自体が経済先進国になり、自らが「中堅国（middle power）」として相当に豊かになった。そして、その結果、自ら守るべき既得権益が大きくなった。一方で、獲得した富を韓国主導の統一のために利用するという発想が出てくるが、他方で莫大な統一費用を負担して経済先進国としての地位を危うくしてまで、無理して統一を目指す必要はないという慎重論も台頭する。いずれにしても、北朝鮮との経済格差が決定的になり、北朝鮮主導の統一の可能性はほぼなくなり、統一というのは韓国主導、言い換えれば、現在の韓国の体制価値観を北朝鮮にまで拡散することを通した統一であるということは、韓国にとっては自明の前提とされるようになった。

北朝鮮は依然としてそれぞれの体制を尊重する連邦制統一を主張する。韓国も過渡的な段階としてそれを認める姿勢を示すが、それはあくまで過渡的なものでしかなく、「自由民主主義体制」で統一を指向するという点は譲れないと考える。それに対して、北朝鮮は自らの主導で韓国を吸収し統一を達成するという構想は、もはや現実的ではないと考えているようだ。北朝鮮の現体制を変革してでも統一を達成するよりも、いかに現体制を維持するのかということの方に重点を置くようになっている。言い換えれば実質的には韓国主導の統一を回避し、北朝鮮独自の体制をいかに維持するのかということである。

一九九〇年以後は、南北の対称性が失われることで、韓国と北朝鮮との関係は対称的な競争関係ではなくなる。むしろ、異なる目標を持ち、異なるルールで対峙し合う関係へと変容し、共有部分が極小化される。こうした決定的な条件変化の下で、統一国家の形成を指向した統一ナショナリズムを少なからず共有した韓国と北朝鮮のナショナリズムも、大きな変容を余儀なくされることになる。

民主化に伴う韓国ナショナリズムの変容：「産業化」対「民主化」から「保守」対「進歩」へ

では、韓国は一九九〇年代に入ると、それまでの「維新」ナショナリズムがどのように変化したのか。八〇年代までは、権威主義体制下において、国家による「上からの『維新』『産業化』ナショナリズム」と批判勢力による「下からの『反維新』『民主化』ナショナリズム」という二つに分裂していたが、八七年の韓国の民主化は、こうした二つのナショナリズムの対峙状況を相当程度解消した。それまで権威主義体制下における政府は、一二・一二クーデタや五・一八光州民衆抗争への弾圧などの「超法規的」もしくは「反人権的」行動を経て政権を掌握するに至ったことから、常に国民から「正統性の欠如」という問題を突きつけられていたが、民主主義体制に変容することによって、そうした正統性問題が解消された。政府に対する批判勢力は依然として存在するが、選挙による洗礼を受けた政府であるだけに、それをデモなどの「街頭の政治」によって覆すことは基本的には許容されなくなった。あくまで選挙という

民主的な手続きを通した政権交代が制度化されるようになったからである。(3)

そうした中で、複数の異なるナショナリズムが存在し、その間で競争が展開されていたが、それは、従来のように政府による「上からのナショナリズム」とそれに抵抗する「下からのナショナリズム」という対峙状況ではなくなった。それまでも、韓国だけを基盤とした分断ナショナリズムと統一を指向した統一ナショナリズムという区別はあったが、その関係は一連の過程における段階の違いであって目標の違いがあるわけではなかった。言い換えれば、分断ナショナリズムは統一に備えて韓国の実力を培養し、そうして培養した実力を活用して韓国主導の統一を達成しようとすることであった。その意味では統一ナショナリズムとの親和性は依然として存在した。

民主化以前の韓国政治は、「産業化」ナショナリズムと「民主化」ナショナリズムとの、ナショナリズムをめぐる対立、競争として理解することができる。言い換えれば、北朝鮮との体制競争に勝利するためには経済発展を優先させ早期に北朝鮮を逆転し優位に立つことが必要であり、そのためには民主主義をある程度犠牲にしてもやむを得ないと考えるのか、それとも、北朝鮮との体制競争や経済発展を優先させるために民主主義を犠牲にするべきではなく、むしろ、民主主義を優先させることこそが、体制競争における勝利や経済発展を達成することにつながるはずであると考えるのか、という対立、競争であった。「産業化」ナショナリズムが体制理念となったが、それを運動としての「民主化」ナショナリズムが牽制するという構図であった。
「産業化」ナショナリズムと「民主化」ナショナリズムとの対立という構図は、民主化が達成されることで、一旦は終焉した。そうした政治的亀裂に代わって、民主化以後、「慶尚北道《キョンサンプクド》」「慶尚南道《キョンサンナムド》」「全羅《チョルラ》（南《ナム》・北《プク》）道《ド》」「忠清南道《チュンチョンナムド》」などの「地域」という亀裂を軸に政党が再編される地域割拠的政党システムが定着した。しかし、小選挙区制と決選投票のない大統領直接選挙制を採用していることもあり、二〇〇〇年前後から、「慶尚道」を支持基盤とする「保守」政党と「全羅道」を支持基盤とする「進歩」政党という二つの政党が、その他の地域では得票や議席を求めて競い合うという、二大政党制に変容していった。一九八七年、九二年の大統領選挙では「保守」政党が勝利することで盧泰愚政権、金泳三政権が成立したが、九七年と二〇〇二年の大統領選挙では「進歩」政党が勝利することで金大中政権、盧武鉉政権が成立した。ところが、二〇〇七年の大統領選挙では「保守」の李《イ》明博《ミョンバク》政権が、さらに二〇一二年の大統領選挙でも「保守」の朴槿恵政権が続いた。しかし、朴槿恵政権は、大統領の友人崔順実《チェスンシル》の国政壟断事件に起因して大統領が国会によって弾劾訴追され、さらに憲法裁判所の判決によって罷免が決まった。そして、二〇一七年五月の大統領選挙では、再度「進歩」の文在寅《ムンジェイン》政権が成立した。

民主化以後における韓国政治における「保守」と「進歩」との対立軸は、㈠歴史認識、㈡対北朝鮮政策、㈢経済政策によって構成される。歴史認識に関しては、「保守」は、一九四八年の大韓民国成立以後の歴代政権、李承晩政権、朴正熙政権、全斗煥政権に対して、たとえ、それが非民主主義的な体制の独裁政権であったとしても、それが経済発展を達成することで反共体制を守り、その結果民主主義体制の基礎を作ったという意味で、肯定的に評価する。言い換えれば、「産業化」ナショナリズムに立脚して歴代政権を肯定的に評価する。それに対して、「進歩」は、そうした独裁政権は不必要な政権として批判されなければならないと考え、八八年以後、民主化を達成した第六共和国以後、初めて正統性を持つようになったと評価する。言い換えれば、「民主化」ナショナリズムに立脚して歴代政権を否定的に評価する。

対北朝鮮政策に関して、「保守」は、北朝鮮に対してより厳格な相互主義を求め、韓国が北朝鮮に対して行ったのと同じくらいの譲歩を北朝鮮が示さない限りは安易に譲歩するべきではないと主張する。基本的には、南北関係において、韓国が油断せずに優位な力を北朝鮮に対する圧力として行使することで北朝鮮を屈服させて韓国主導の吸収統一を推進しようとする。結果としては、北朝鮮はそうした譲歩を示すことはほとんどないので、南北関係はそれほど進展しないということになる。それに対して「進歩」は、北朝鮮に対する韓国の優位な力を背景に北朝鮮に対して寛大に対応することで、北朝鮮の変化を誘導し、それを通して韓国主導で漸進的に、できるだけ低い費用で統一を推進しようとする。

経済政策に関しては、「保守」は「産業化」(4)ナショナリズムとは異なり、市場原理に基づく新自由主義的な経済政策を基本的には指向する。但し、韓国は経済発展の過程で、政治権力と経済権力との癒着によって、財閥という巨大企業中心の経済体制が定着していた。それに基づく市場経済というのは、「公正な市場」とは距離があり、どちらかと言うと「弱者が淘汰され強者だけが生き残る」というようなものであった。それに対して「進歩」は、市場原理が格差を拡大するという認識に基づき、政府が市場経済に介入することによって、福祉や雇用創出、さらに分配などに力を入れることで、より公正で格差の小さな社会を構築しようとする。

こうした「保守」と「進歩」が、どちらの方が韓国の国益に貢献し、韓国ナショナリズムにせよ朝鮮ナショナリズムにせよ、ナショナリズムをより体現することができるのかをめぐって対立し競争しているのが現状であると見ることができる。

韓国の「中堅国」ナショナリズムと対日ナショナリズム

韓国は経済的には先進国になることで、対大国関係における自立という側面をそれほど痛烈に意識する必要がなくなった。確かに、周辺大国に翻弄されてきた歴史を想起し、朝鮮半島が中ロ日米という大国によって包囲されているという地政学的状況を考慮すると、依然として大国に対する不信には根強いものがある。その中でも、侵略され支配された直近の歴史的経験を共有する日本に対する不信にはより一層根強いものがあり、それは現在にまで持続する。にもかかわらず、韓国が、それまでの「開発途上国（Developing Countries）」から「新興工業経済地域（NIES : Newly Industrializing Economies）」を経て「先進経済国（Advanced Economies）」

へと変容し、大国（big power）になったということではないが、小国（small power）ではなく、少なくとも「中堅国（middle power）」になったという自己意識が韓国社会で共有されるようになった。そして、そうした自己意識に基づき、次のような点で、それに応じた新たなナショナリズムが模索されるようになったのである。

第一に、「中堅国」としての責任という側面から、対大国の抵抗ナショナリズムを自己抑制し、大国と共に、もしくは少なくとも大国を補完して、現在の世界秩序を維持するための費用を負担することで秩序を支える役割を果たさなければならないという、そうした意味でのナショナリズムが台頭する。

一九七〇年代は、開発途上国の「資源ナショナリズム」の主張に顕著に現れたように、「豊かな北」である先進国が「貧しい南」である開発途上国を経済的に搾取してきたから、世界的な経済的格差である「南北問題」が生じたのであり、これを克服するためには、従来の先進国優位の経済秩序を変革する必要があるという主張が声高に提起された。ところが、そうした中で韓国は、既存の世界経済秩序の中で、それを利用しながら持続的な経済発展を達成してきたという点では、他のアジアＮＩＥＳ諸国（台湾、シンガポール、香港）などと共に異彩を放つ存在であった。

したがって、韓国にとっての利用価値の十分ある既存の世界経済秩序を維持発展させるためにも、狭い意味での韓国だけの利益を声高に主張し既存の秩序に無賃乗車することで受益者としての地位に甘んじるのではなく、韓国が従来受益者であった秩序を維持しながらも、それを改善して、持続可能なものにしていくために応分の責任を果たすということが重要だと考えた。

こうした韓国にとって重要な転機になったのは、一九九一年の国連加盟であった。それまで韓国は国連加盟国ではなかったものの、国連専門機関の加盟国として応分の責任を果たしてきた。朝鮮戦争において「国連軍」の参戦によって韓国の「生存」が確保されたことに起因して、韓国社会は、「韓国は国連加盟国ではないが、国連は韓国の味方であり、そのためにも韓国は国連を支えながら国連における発言力を高めることが必要だ」という「国連信仰」を共有した。さらに、北朝鮮との体制競争に備えて国際社会における存在感を高めるためにも、韓国は国連を始めとする国際社会に積極的に関与してきた。それを通して韓国の国威を発揚することができると考えたからである。

具体的に、一九八八年のソウルオリンピック、二〇一八年の平昌《ピョンチャン》冬季オリンピックなどの国際的なスポーツ大会や、二〇〇〇年のASEM（アジア欧州会合）、二〇〇五年のAPEC（アジア太平洋経済協力会議）首脳会議や、二〇一二年の核セキュリティ・サミットなど主要国際会議の積極的な誘致活動などは、典型的な事例である。また、二〇〇七年に潘基文《パンギムン》国連事務総長を輩出した。韓国が単なる二国間同盟関係に依存するだけではなく、その「中堅国」化に伴って多国間の枠組みを支える重要な役割を果たすことは、韓国の国連加盟に伴う国際社会における存在感増大に応じてより一層加速化される。

第二に、小国であった状況では十分に主張できなかった諸要求を、「中堅国」としての新たな条件変化の下で、従来以上に効果的に主張するべきだというナショナリズムである。韓国には、周辺を大国に包囲された小国として国土を蹂躙されてきたという痛烈な歴史意識が存在する。それを克服するためにも、韓国は種々の犠牲を払ってでも持続的な経済発展を優先させ、小国から脱して国際社会における存在感の増大を追求してきたのである。その犠牲のうちの一つが、大国の力を利用するという「用大国」のために、大国に対する要求を自制してきたという自己意識である。ところが、韓国が大国と肩を並べる先進国になることで、「用大国」の必要性は切実ではなくなったため、それまで封じ込められていた韓国の対外的な主張をもっと明確にするべきだという自己主張が表面化する。

こうした側面が顕著に現れるのは、対日ナショナリズムにおいてである。韓国は経済発展の過程で日本の経済協力を利用した。そして、韓国からすると日本の経済協力を利用するために、日本との争点や懸案に対する自らの要求を自制してきたという認識がある。一九六五年の日韓国交正常化に関しても、韓国政府のみならず韓国社会においては、歴史認識問題など、日本との間での対立争点を「棚上げ」にして締結を急いできたと認識する。南北体制競争下において韓国の発展を優先させるためには、やむを得ない選択であったと韓国国内では説明されてきた。ところが、韓国が日本の経済協力に依存する状況から脱したことによって、韓国としては日本に対して今まで自制して十分に要求できなかった主張を今こそ展開するべきだという主張が支持されるようになる。

しかし、日本から見ると、過去において一旦解決に合意したはずの諸問題を蒸し返して、新たな解決を迫っているように映る。日本において韓国への批判として最近頻繁に言及されるようになった「約束を守ろうとしない韓国」「ゴールポストを動かす韓国」という批判には、こうした背景がある。

さらに、日韓関係が対等化しつつあるという認識に基づいて、従来のような大国日本に対する不信とは異質な、日本との対称性を前提とした競争関係という見方が台頭している。一九八〇年代初頭の全斗煥政権が掲げた「克日」の延長線上に位置づけられる「競日（日本と対等に競い合う）」ナショナリズムの登場である。

それに加えて、民主化に伴う「下からの『競日』ナショナリズム」の噴出を政府が統制できないので、たとえ、日韓の政府間で妥協を試みたとしても、日韓社会間でそれを受け入れることが困難になっている。二〇一五年末に成立したはずの慰安婦合意をめぐる日韓関係は、そうした事例である。従来、日韓間の葛藤を解消してきた方式、即ち、政府間で「玉虫色の妥協」をしておいて、それぞれの国内には「異なる説明」をするという方法は[5]、日韓間の情報流通が双方向で密度の濃いものになっている現状を鑑みると、もはや通用し難い。そうだとすると、韓国が民主化されて、民主主義という価値観を日韓両国が共有したことは、日韓関係を成熟させるという方向に向かうことにならず、むしろ恒常的に日韓間に葛藤を生じさせることになるのかもしれない。こうした日韓関係の構造変容に日韓双方がどのように向き合うのかが問われている。

しかも、現状では、日韓はそれぞれ、自国は何も変わっていないのにもかかわらず、従来とは変わってきたのは相手国であり、葛藤が激化した責任は相手国にあり自国にはないという認識を共有する。これでは葛藤の激化を打開するための主導権を相互に担おうとしないわけで、葛藤状況は持続することになる。

韓国の「中堅国」ナショナリズムと「世界化」・「韓流」

韓国の「中堅国」ナショナリズムに内包される、「中堅国」としての責任分担に基づく自己抑制と、「中堅国」としての威信向上に伴う自己主張という、一見正反対の方向を向いているように思われる行動を、韓国は均衡をとりながら使い分けている。その使い分けの事例として、金泳三政権(一九九三年~九八年)の推進した「世界化」政策という経済ナショナリズム、韓国政府が推進した「韓流」という文化コンテンツを利用した文化ナショナリズムを取り上げる。

(一)「世界化」政策とその帰結

金泳三政権は、韓国政治史上、久しぶりに登場した「文民政権」として、過去の政権とは異なる新たな政策に取り組んだ。その一つが「世界化《セゲファ》」と呼ばれる一連の政策パッケージであった。これは、それまで韓国経済の発展を支えてきた、政府主導で経済開発を進めるという開発主義政策から、経済のグローバル化に対応するためにも、規制緩和などの経済の自由化に積極的に取り組むことを通して、韓国経済の国際競争力を画期的に向上させようとするものであった。但し、結果としては、金泳三政権末期には、韓国経済はアジア通貨危機の影響をまともに受けて、韓国の経済状況に不安を感じた外資が資金を一挙に引き揚げることで外貨準備高が枯渇し、ＩＭＦ（国際通貨基金）に対して緊急融資の要請を余儀なくされるという危機に直面した。中長期的には、こうした「世界化」政策への転換は必要であったことは確かであるが、構造改革が伴わない急激な経済の自由化が危機をもたらすことになったわけである。

こうした「世界化」政策は、一方で、経済のグローバル化が随伴する新自由主義的な経済政策という規範を、開発途上国から経済先進国になった韓国が、積極的に受け入れようとすることであり、いつまでも従来の政府主導の開発主義政策に固執することで、自国の経済的利益を獲得することだけを指向するものではなかった。経済のグローバル化によって恩恵を受けてきた韓国が、相当程度の費用を支払ってでも、そうした新たな経済秩序を支えるのに貢献しようとするものであった。そうした意味で、「世界化」政策は「中堅国」としての責任分担に基づく自己抑制という「中堅国」ナショナリズムの一側面を反映したものであった。

しかし、この政策の目的は、国際競争力の向上による韓国の存在感増大であった。したがって、「中堅国」として国力が伸張したという自信に裏打ちされた自己主張を強化するという、「中堅国」ナショナリズムのもう一つ別の側面も強く意識した。アジア通貨危機に直面し韓国は緊縮政策を余儀なくされたため、「世界化」政策は一旦挫折を経験した。しかし、「世界化」は断念されたのではなく、経済危機を克服していち早く経済状況を回復させるためにも、より徹底した「世界化」政策が推進された。しかも、それを担ったのは、皮肉にも、元来、こうした「世界化」政策という新自由主義的な経済政策には批判的であった、金大中政権、盧武鉉政権という「進歩」政治勢力であった。

「進歩」政権は、経済に関しては、従来から、成長優先ではなく分配や福祉をもっと重視するべきであると主張し、そのためには、民主主義の原理を経済にも導入するべきであると主張した。そうした主張は部分的には採用され福祉政策が韓国にも導入された。しかし、金泳三政権がやり残した不徹底な「世界化」政策を、ＩＭＦ経済危機への対応を名分に、より一層進めていったのも、金大中政権であり盧武鉉政権であった。例えば、金大中政権は、非正規職の増大を帰結させた労働市場の流動化のための制度的条件である「整理解雇制」を導入した。また、盧武鉉政権は「保守」勢力からは「反米」政権だと批判されながらも、米韓ＦＴＡ（自由貿易協定）や韓国軍のイラク派兵を決断した。そして、何よりも「進歩」政権だったからこそ、そうした「世界化」政策に対する抵抗勢力を説得することで、その抵抗を抑え、より徹底して推進することが可能であった。

その結果、韓国はアジア通貨危機による経済停滞を早期に克服することができた。但し、その費用は甚大なものであった。最大の社会的費用は、労使関係にまで市場原理が導入され非正規職が飛躍的に増大することで、経済格差がより一層拡大したことである。福祉国家が本格的に建設される以前に、こうした「改革」が行われたために、社会の亀裂はより一層深刻なものとなった。韓国が「中堅国」として発展し、それに相応した責任ある自制的なナショナリズムが定着してきたにもかかわらず、その恩恵が必ずしも韓国社会に浸透していないため、「不満」の矛先が、従来抑えつけられた対外主張を「中堅国」として相応に強めるべきだという、攻撃的な別のナショナリズムの側面に向かうことになる。

(二)文化ナショナリズムとしての「韓流」

韓国文化は自国や自民族の消費用に過ぎないと、多くの韓国国民は思っていた。しかも、文化面では韓国は常に「文化の輸入国」であった。しかし、韓国の「中堅国」化と共に、韓国の持つ文化的コンテンツが十分な国際競争力を持つという自信を強め、それを国際的に普及させようとする試みが開始されるようになったのも、一九九〇年代以降の顕著な特徴である。韓国の「中堅国」化に伴って、その文化的コンテンツもより一層洗練され国際競争力を持つようになったが、それだけでなく、元来持っていた文化的コンテンツが、国際社会における存在感の増大に伴って認知度が高まったという側面も重要である。韓国文化は「韓流」「Ｈａｎｒｙｕ」として国際ブランドを獲得した。その意味で韓国のナショナリズムの変容を文化面で体現しているのが「韓流」である。

一方で、「韓流」は意図せざる結果として高い国際評価を受けるようになったという側面がある。韓国的なものとそれ以外のものとを融合することによって、より洗練された文化コンテンツを作ることができるようになった。これには、一九九〇年代以降、韓国社会が急速に国際化したことが大いに貢献している。八〇年代末までは、海外旅行の自由化なども行われず、国際社会と接点を持ち得たのは、ごく一部のエリートのみであった。しかし、九〇年代以後、海外旅行が自由化され多くの人が国際社会と接することができるようになったのみならず、多くの外国人が韓国社会にも種々の形で受け入れられることになる。こうした韓国社会の「開放」が、韓国文化が国際競争力を獲得することに寄与した。

ところが、「韓流」という文化コンテンツが相当の国際競争力を持つということが認知されるようになると、一転して韓国は「韓流」を文化のみならず韓国経済の対外進出のために最大限利用しようとした。「韓流」を利用した韓国製品のセールスや、韓国観光の魅力的なコンテンツの一環として、さらに「韓流」を韓国のパブリック・ディプロマシー（public diplomacy

の訳で、当該国家のイメージアップのために、外国の市民にも直接働きかける外交）の一環として韓国の国家イメージの向上に活用することが、さまざまな形態で行われるようになった。「韓流」という文化コンテンツが国際競争力を持つ限りは、それは利用しがいのある資源になることは間違いない。韓国の国力増大に伴う政治的、経済的ナショナリズムの増大が文化領域にも波及することで、韓流を中心とした文化的ナショナリズムの涵養にも寄与し、それを相互に組み合わせることによって、「中堅国」ナショナリズムの内実をより豊かなものにしたのである。

しかし、「韓流」を韓国ナショナリズムと直結させることに対しては、「韓流」の魅力を伝えるためにはむしろマイナスの効果をもたらすという指摘もある。その普遍的な魅力が、韓国という「特殊」なものと結びつくことによって減殺されてしまうのである。このように、ナショナリズムを過度に前面に出す行動や政策は、韓国の政治力、経済力、文化力の発揮にとってマイナスに働く可能性も否定できない。こうした意味で「韓流」は、「中堅国」ナショナリズムが持つ二つの側面と関連づけられる。

韓国の「中堅国」ナショナリズムと統一ナショナリズム

では、こうした韓国の「中堅国」ナショナリズムは、韓国の統一ナショナリズムにどのような影響を及ぼしたのか。一方で、韓国の「中堅国」としての国力増大は対北朝鮮関係においても発揮されるものであり、念願の韓国主導の統一を実現するための絶好の機会として認識される。体制競争における優位に基づき、韓国主導の統一の可能性を模索するということになる。これは、当初から目指した韓国の統一ナショナリズムを完成させるものである。

しかし、韓国が「中堅国」化したことが統一ナショナリズムに及ぼす影響は一義的ではない。韓国の「中堅国」化と共に、韓国の平和と繁栄が享受される。中長期的に平和と繁栄の享受を持続するためには南北の平和的統一が達成される必要がある。したがって、「中堅国」ナショナリズムは統一ナショナリズムの強化につながる。他方で、統一を達成するためには北朝鮮を統合しなければならず、そのための統一費用を負担する必要がある。ところが、韓国にとって統一費用を負担することが平和や繁栄の享受と背反関係に陥る可能性もある。統一費用を負担することが、韓国が享受してきた平和や繁栄を阻害することになってしまうのではないかという不安も存在するからである。韓国では「中堅国」になったにもかかわらず、その恩恵が社会に浸透していないという不満が根強いだけに、こうした不安はより一層掻き立てられることになる。したがって、無理して性急に統一を達成する必要はないという考え方も台頭する可能性は十分にある。以上のように、韓国の「中堅国」化が統一ナショナリズムの強化に結びつかない可能性も存在する。

こうした可能性を念頭に置きながら、実際に韓国の「中堅国」ナショナリズムと統一ナショナリズムはどのように展開したのかを追跡すると以下のようになる。

一九九〇年代以降、南北関係はそれ以前の時期に比べれば一見進展したように見える。九〇年から九二年にかけて八回にわたってソウルと平壌で南北高位級会談が行われ、その過程で南北基本合意書と非核化共同宣言に合意した。さらに、二〇〇〇年と二〇〇七年、二度、南北首脳会談が開催され、それぞれ六・一五南北共同宣言、一〇・四南北関係の発展と平和繁栄のための宣言も発表された。こうした南北の高位レベルでの接触は、それ以前の時期には考えられなかったことである。

(一)南北高位級会談と南北基本合意書

南北高位級会談は、冷戦が終焉することで、ソ連東欧の社会主義諸国が雪崩を打つように脱社会主義化する危機的な状況の中、体制の生き残りを賭けた北朝鮮の生存戦略に、韓国が応えたものであった。但し、北朝鮮は既にソ連を頂点とする社会主義のヒエラルヒーから脱して、「主体」ナショナリズムという独自の体制理念に立脚していたこともあり、何とか体制の生き残りを達成することができた。高位級会談の中で成立した南北基本合意書は、南北の現状維持の相互承認と平和共存を確認したものであり、それまで北朝鮮が拒否してきた「二つのコリア」を南北ともに相互承認したことを実質的に意味した。換言すれば、韓国が北朝鮮を即座に吸収統一することはしないという約束を北朝鮮がとりつけることで体制の生存を図ったのである。韓国としても、優位な力関係を背景として南北二者間の交渉の枠組みを追求したにもかかわらず、北朝鮮が韓国を回避して米朝という枠組みを選好したために実現できなかったが、やっと、北朝鮮が韓国の主張する「二つのコリア」を受け入れ、南北二者間の交渉枠組みを受け入れたことを意味した。

南北基本合意書が「二つのコリア」の相互承認であったとすると、その国際的承認が一九九一年にやっと実現した南北の国連同時加盟であった。南北の国連同時加盟は、韓国の主張を北朝鮮が拒否し続け、北朝鮮の主張を中ソが支持してきたために実現されなかったのであるが、一九九〇年に韓ソ国交正常化が実現され、ソ連が南北の国連同時加盟に反対する理由はなくなった。さらに、中国も韓国との経済関係を拡大し、韓国との国交正常化も「時間の問題」であると見られた。中国は、北朝鮮に配慮するということも重要であったが、それ以上に中国が主張する「一つの中国」という立場、言い換えれば台湾の政治的独立に伴う「二つの中国」は認めないという立場と、韓国・北朝鮮双方と国交を持つという「二つのコリア」という立場との整合性をいかに保つのかが重要であった。ところが、北朝鮮が南北基本合意書で自ら「二つのコリア」を認めた格好になったために、「一つの中国」との矛盾を気にせず「二つのコリア」を選択することができるようになった。したがって、北朝鮮に対して韓国の国連加盟にこれ以上反対できないことを伝えることで、北朝鮮に南北国連同時加盟を受け入れさせたのである。そして、九二年、中韓国交正常化が実現されたのである。この時点では、韓国政府も社会も、「中堅国」ナショナリズムと統一ナショナリズムとが問題なく両立するという楽観論に立脚していた。

しかし、その後、北朝鮮が非核化共同宣言に反して核開発を目指していることが露呈し、第一次核危機と呼ばれる危険な状況に直面した。北朝鮮の核開発を抑制しなければならないのだが、それだけの力は韓国にはなく、米国の力に依存せざるを得ない。米国の第一次クリントン政権は、北朝鮮の核開発に対して、一時、その核関連施設を「外科手術」のように除去するためのピンポイント攻撃を真剣に考慮した。しかし、そうした戦術は米国にとっては「外科手術」ではあっても韓国にとっては「全面戦争」にエスカレートする危険を内包していたために、韓国としては回避しなければならず米国にもそれを伝達した。そうした韓国の意思がある程度は考慮されたのであろう。米国はそうした「外科手術」を断念し、カーター元大統領の訪朝に伴う金日成との会談を契機として、米朝交渉によって北朝鮮の核開発にブレーキをかける方向に転換した。その結果が、一九九四年一〇月のジュネーブ米朝枠組み合意であった。また、その危機の収束のため、金泳三大統領と金日成主席との間で南北首脳会談の開催が合意されたが、金日成が死亡したために実現しなかった。

非核化共同宣言では核問題が南北間の問題であるという位置づけであったのに対して、第一次核危機の収拾は結局米朝という枠組みで行われ、韓国は排除された格好となった。核問題を軸とした朝鮮半島をめぐる国際関係において韓国が「周辺化」されたことは韓国にとって衝撃であった。「中堅国」ナショナリズムが統一ナショナリズムには直結しないことが露呈したからである。

金泳三政権は、そうした状況を打開しようと、米朝関係や日朝関係が南北関係よりも先行しないように、日米両政府に働きかけるなど、韓国の存在感を何とか誇示しようとした。そうした韓国による主導権奪還の現れが、金泳三政権が第二次クリントン政権を巻き込んで行った、ジュネーブを舞台とした米中南北で構成される「四者会談」であった。一九九七年末から九九年八月まで六回にわたって行われたが、議題設定をめぐる入り口の議論に留まり何の成果も上がらなかった。

(二)第一次南北首脳会談と六・一五南北共同宣言

その後、主として北朝鮮国内の事情に起因して南北関係は停滞したが、韓国で一九九八年に金大中政権が成立することで南北関係は劇的に改善の方向に向かうことになる。金大中政権が推進した対北朝鮮和解協力政策は、「中堅国」ナショナリズムを統一ナショナリズムにつなげようとする試みであった。北朝鮮の挑発は許さないということを前提としながらも、北朝鮮が警戒する「吸収統一」を指向しないことを明確にすることで、北朝鮮を南北関係の枠組みに「回帰」させることに一旦成功したからである。

さらに、金大中政権にとって幸運なことに、米国の第二次クリントン政権、日本の小渕・森・小泉政権が基本的には金大中政権の対北朝鮮政策に協力する姿勢を示したため、日米韓が対北朝鮮政策に関して関与を強める形で協力することが可能となった。クリントン政権は、第一次政権の国防長官であったウィリアム・ペリーに対北朝鮮政策の調整を任せ、金大中政権の対北朝鮮政策と協力して、北朝鮮の金正日政権との交渉を通して北朝鮮の核ミサイル問題を解決するという内容の「ペリー・プロセス」と呼ばれる一連の政策を選択した。日本も、北朝鮮の核ミサイル開発を安全保障上の脅威と認識したが、その解決のためには日米韓の協力が必要であるという認識に基づき、米韓と協力して対北朝鮮関与政策を進めた。その帰結が、二〇〇二年九月の小泉純一郎首相の訪朝と日朝平壌宣言であった。

このようにして、韓国は優位な国力を背景に日米と協力して北朝鮮に対する関与を強めることによって、北朝鮮の核ミサイル開発などの挑発を抑制しようとした。そして、それだけでなく、北朝鮮との協力を推進し北朝鮮における韓国の存在感を強めることによって、北朝鮮に対する影響力を増大させる政策を選択したのである。

そして、その成果が、二〇〇〇年六月一三日〜一五日の、分断五五年を経て初めて実施された南北首脳会談であり、その結果六・一五南北共同宣言が採択された。共同宣言の第二項には「南北は国の統一のための、南側の連合制案と北側の低レベルの連邦制案がお互い、共通性があったと認め、今後、この方向から統一を志向していくことにした」という文言がある。これは、「統一回避」ナショナリズムに舵を切った北朝鮮を、再び統一ナショナリズムの共有へと誘導しようとする、韓国の試みであった。しかし、こうした試みは成功したとは言い難い。

二〇〇七年一〇月、盧武鉉大統領と金正日国防委員長との間で第二次南北首脳会談が行われ、一〇・四南北共同宣言[6]に合意したが、直後の大統領選挙で野党の「保守」政党が圧勝したこともあり、この南北共同宣言は、「西海平和協力特別地帯」という非常に具体的な構想に合意したにもかかわらず、李明博政権以後、この構想は全く言及されないどころか、まさに、この当該地域で北朝鮮の軍事的挑発が頻発した。

さらに、南北共同で進められてきた、韓国の観光客を北朝鮮の観光地に誘致することによって、南北の交流を進めながら北朝鮮に外貨収入の機会を与えることを目的とした、金剛山《クムガンサン》観光事業や開城《ケソン》観光事業が、李明博政権下の二〇〇八年に中断された。さらに、二〇一〇年三月には北朝鮮潜水艦による韓国海軍の哨戒艦『天安《チョナン》』の沈没事件、一一月には韓国が占有管理していた延坪島《ヨンピョンド》を北朝鮮が砲撃する事件が起こった。こうした北朝鮮による軍事的挑発に起因して南北間の緊張が高まった。そして、南北共同事業の「最後の砦」として維持してきた開城工業団地に関しても、二〇一六年一月の四回目の北朝鮮の核実験に直面した朴槿恵政権は、ついに二月に閉鎖を決定することで、二〇〇〇年以降の金大中政権、盧武鉉政権下で積み上げてきた南北協力事業は、李明博、朴槿恵政権の一〇年間でほぼゼロの水準に逆戻りした。その結果、北朝鮮に対する韓国の影響力も激減した。

㈢統一ナショナリズムと統一費用

それほど統一費用がかからないということが明らかになれば、「中堅国」ナショナリズムと統一ナショナリズムは矛盾しない。これは現実には非常に可能性が低いが、南北が合意して漸進的に韓国主導の統一を進めていく場合である。しかし、おそらく最も可能性が高いのは、朝鮮半島有事に直面して混乱に陥った北朝鮮を韓国が吸収統一しなければならない状況に追い込まれた場合である。そうした場合に、韓国は否応なく統一に向かわざるを得ない。統一というのは、漸進的に戦略的に達成されるというよりも、極限的状況で突然訪れる可能性の方が高いだろう。

にもかかわらず、統一にどのように備えるのか、そのための「費用対効果」をどのように考えるのか、「中堅国」化した韓国が事前に考えておかなければならない課題である。その意味で、韓国の「中堅国」ナショナリズムと統一ナショナリズムとの間には、相互補完的な関係が強い中、相互に葛藤的な側面も存在する。南北の体制競争の「勝者」が統一の主導権を掌握し「敗者」はこれに従うという構図であれば、「中堅国」ナショナリズムと統一ナショナリズムは調和することになるのだが、現実には、南北の非対称性が高まれば高まるほど葛藤的な側面が表面化する。

南北体制競争における従来のルールに則れば、韓国が「中堅国」としての地位を確実なものとし、南北体制競争における勝利に基づき韓国主導での統一を指向するための前提条件は準備されたはずであった。韓国にとっては「中堅国」であることがより活かされる形で、良好な国際環境の中で韓国主導の統一が実現されるということが最も望ましい。そのためには、韓国自身が良好な国際環境を自らの力で醸成することが可能であればよいわけであるが、現状において、韓国自体の力には限界があり、米中関係が良好であることを望むということしかない。そのような当てにならない条件に依存しなければならないとすると、それは外交戦略、統一戦略として成立し難い。

その結果、韓国は「中堅国」にまでなったにもかかわらず、依然として米中という大国に統一に関する「助力」や「承認」を求めざるを得ないという状況に直面する。むしろ、そうした大国への依存度が従来よりも高まったという認識を持つかもしれない。特に、北朝鮮の行動様式が韓国との競争ということではなく、完全に米国を始めとした大国との「対等さ」というフィクションに基づく対大国ナショナリズムを掲げるだけに、より一層、韓国は、そうした意味で、統一ナショナリズムという点で「挫折感」を持つのかもしれない。

北朝鮮の「統一回避」ナショナリズム

北朝鮮は体制競争に敗北したからこそ、敗北を素直に認めるのではなく、それまでの競争ルールとは全く異なるルールの設定を強行し、しかも、異なる目標にしたがって行動することを選択する。全く異なるルール、目標というのは、それまでの南北間の体制競争において、どちらの体制の方が優位な高地を確保するのかというゲームではなく、北朝鮮はそもそも統一の主導権の掌握を指向するのではなく、韓国の体制優位を前提としつつも、いかに韓国主導の統一に組み込まれないように統一を回避するのかという、「統一回避」を目標とするゲームを行う。

北朝鮮は統一という目標を言葉の上で放棄したわけではない。現在も、「祖国統一」が目標であると言い続けている。但し、本当に統一を指向していると言えるのか、大いに疑問である。核保有国となり韓国に対する軍事的優位を奪還することで、そうした軍事的優位を利用した北朝鮮主導の統一の可能性を放棄していないという見方もある。しかし、北朝鮮の現政治体制を民主化された韓国にまで拡散するということは想像し難い。また、たとえ万が一にそうなった場合、それは却って北朝鮮の現体制を不安定化することになりかねず、北朝鮮の現体制は、今とは比べものにならないくらいの危険に晒されることになる。現体制の維持を至上目標と考える北朝鮮の現指導者が、そうしたリスクを覚悟して北朝鮮主導の統一に踏み込むとは考え難い。

したがって、北朝鮮は一九九〇年代以後、自ら主導の統一の可能性を放棄し、その目標を、韓国主導の統一からいかに自らの体制を守るのかに置換したと見るべきだろう。しかも、統一を放棄したとは言わず統一を念願していると言いながら、韓国主導の吸収統一を回避するために苦心してきた。七〇年代以来、連邦制統一を北朝鮮は一貫して主張してきた。当初の連邦制は、一つの国家を形成したうえで、政治的に不安定な韓国の体制に対して、北朝鮮が一枚岩の優位な体制を活用して韓国を「親北朝鮮化」させることを狙っていた。しかし、次第に、連邦制は、北朝鮮の現体制に対する韓国の干渉を防ぐことと、統一という目標を放棄しないふりをすることと、この二つを整合させるものに変容していった。北朝鮮の統一ナショナリズムは「統一回避」ナショナリズムに変容したのである。

北朝鮮の「強盛大国」ナショナリズム：大国との「対等化」

北朝鮮は統一を放棄せずに国家目標として掲げながら、「統一回避」のためにどのような戦略を考えたのか。第一に、韓国を迂回する戦略や、それを支えるナショナリズムの必要性を痛感した。北朝鮮にとって、韓国との関係が改善され種々のレベルでの交流が深まることが、現体制にとっては最大の脅威であると認識された。韓国を迂回するという戦略は、一九七四年の米朝平和協定の締結の提案以来、北朝鮮が基本的に追求した戦略であったが、これは、統一を掲げながら統一の相手である韓国を無視して対米交渉を優先させることである。北朝鮮は、韓国は「傀儡」であり対米関係さえ打開すれば韓国はそれに従わざるを得ないという論理で、韓国を迂回することを正当化してきた。外国軍が駐留しない北朝鮮に対して、米軍が駐留する韓国が「自主」という点で弱点を抱えていたことは否めなかったからである。しかし、韓国の「中堅国」化によって、いつまでも韓国を「傀儡」扱いすることは困難になる。韓国と共通のルールで競争するということを放棄し、全く異なるルールを設定し競争自体を回避するようになったわけである。

一九九四年に成立した北朝鮮の金正日政権が掲げた国家目標「強盛大国《カンソンテグク》（国家《クッカ》）」[7]やそれを

支える体制イデオロギー「先軍政治《ソングンチョンチ》（思想《ササン》）」[8]は、韓国との対比を念頭に置いたものではなかった。その意味で、それ以前とは全く異なる状況であった。それ以前の北朝鮮の国家目標や体制イデオロギーは、明らかに韓国との違いや韓国との競争を意識し、韓国の「欠陥」と比較した北朝鮮の「優位さ」を強調したものであったからである。金日成時代の「主体（思想）」という体制イデオロギーや「自力更生《チャリョクキョンセン》」という国家目標は、中ソという社会主義大国からの自立を意識した言葉ではあったが、それだけでなく、米軍が駐留し経済的に日米への依存度が高い韓国を意識して、韓国よりは北朝鮮が自立を達成していることを強調したものである。「強盛大国」という国家目標は、北朝鮮が金日成の生誕一〇〇年に当たる二〇一二年までに、強力な軍事力と豊かな経済力を持つ国家になり、国民に衣食住を十分に提供することができるようにすることであった。北朝鮮の「強盛大国」という目標から見ると、韓国はどのような国家であるのか。この「強盛大国」という国家目標は、それとの比較で韓国がどのように評価されるのかという視点が全く見られないものであった。換言すれば、北朝鮮としては、あえて韓国との対比を意識しないような目標設定をせざるを得なかったわけである。

　韓国に対する優越性を標榜した北朝鮮にとって、体制競争において韓国に逆転され、さらに再逆転がほぼ不可能になった状況下で、韓国に追いつくという選択ではなく、韓国とは全く異なる土俵を設定し韓国との競争は一切考えないようにしたということになる。その表現が「先軍政治」「強盛大国」であった。

第二に、対米ナショナリズムを強調した点である。北朝鮮のナショナリズムは、最も「身近な競争相手」であった韓国を相手にすることをやめ、その代わり最も非対称的な存在である超大国である米国を対象とするようになった。北朝鮮は米国に依存しているわけではないので、依存からの自立という意味での対大国ナショナリズムというわけではない。「強盛大国」という言葉も米国を念頭に置いた言葉であり、米国と「対等な立場」に立つことを意味する。北朝鮮の対大国ナショナリズムは、一九八〇年代までは同じ社会主義陣営内大国である中ソに対する自立を希求するナショナリズムであったとすると、九〇年代以降は、そうした中ソと北朝鮮との距離が広がったということもあり、対立陣営の大国であった米国を意識したものへと変わったのである。

北朝鮮は、従来から、帝国主義の侵略から自らが祖国を解放したと誇示し、朝鮮戦争を「祖国解放戦争」と呼んだ。しかも、停戦協定を締結しただけであるにもかかわらず、「勝利」したと国の内外に誇示した。(9) そうした意味で、北朝鮮は元来が「反米国家」であり米国を敵視し続けてきた。しかも、朝鮮戦争で米空軍の空爆により国土の大半が灰燼に帰したこともあって、北朝鮮国民の間では、米国に対する憎悪が深く定着していた。当然のことではあるが、北朝鮮にとって米国は「対等な」国家ではあり得なかった。したがって、一九七〇年代半ばまでは、米国への対応はソ連、中国という同陣営の大国に任せ、自らは韓国との関係をどのように考えるのかに関心を向けた。しかし、そうした韓国との関係が挽回不可能な非対称な関係になり、肝腎の中ソは、北朝鮮の代理として対米交渉をしてくれるどころか、北朝鮮との関係が相対的に疎遠になった。北朝鮮としては、米国を直接的な対象とした戦略の再構築を余儀なくされたわけである。

米国とのあまりにも非対称な関係であるという現実に直面しながらも、そうした米国と「対等な」立場で交渉しなければならない北朝鮮にとって、米国と「対等な立場」を確保する「近道」として核ミサイル開発を位置づけた。北朝鮮は核ミサイル開発によって、米国にとって北朝鮮が脅威であることを再認識させ、そうすることで、核保有国という一点における「対等性」確保に乾坤一擲、自らの運命をかけたということになる。換言すれば、北朝鮮は対大国ナショナリズムとして米国を念頭に置きながら、米国との「対等性」という非現実的な目標を掲げ、そのために自らが核ミサイル開発を行うことで、「核保有国」という形式的な対等性を獲得することを指向するのである。

非対称な南北ナショナリズムとその帰結

南北関係は単にグローバル冷戦の縮図ではもはやなくなっていた。冷戦期を通して、特に、一九七〇年代以降、それまでの北朝鮮優位の構図が韓国優位の構図へと劇的に転換し、南北関係がそれまでの対称的な競争関係から非対称な関係へと変容していたからである。韓国は経済の先進国化とそれに伴う「中堅国」化によって、体制競争において北朝鮮に勝利することによって統一ナショナリズムにおいて有利な高地を占めることができると認識した。北朝鮮も一旦はそうした現状を受け入れ、その中での生存確保を目指した。したがって、体制優位の韓国が北朝鮮を漸進的に吸収統合する形で分断が解消されるのではないかと「期待」された。

しかし、そうした「期待」は裏切られることになった。南北の非対称性は、ナショナリズムの正統性をめぐる体制競争という図式を大きく変えてしまうことになったからである。韓国は、従来の延長線上でナショナリズムにおける競争において優位に立ったので、それに基づいて韓国主導の統一に北朝鮮を巻き込むことを考えた。北朝鮮も少なくともタテマエとしての統一を掲げている限り、それを全く無視することはできないが、統一が韓国主導にならざるを得ない限り、統一を回避するために北朝鮮独自のナショナリズムを掲げる。それは、韓国を相手とするのではなく、米国という強大国を相手として、それとの「対等性」というフィクションを作り上げるナショナリズムである。

したがって、二〇〇〇年と二〇〇七年と二度の南北首脳会談も、結果として見ると、北朝鮮が韓国からの経済協力という果実を獲得するためだけの合間のエピソードでしかなかったことになる。ただし、そうした機会を持つことができたことの意味は過小評価されるべきではない。問題は、韓国が、そうした機会を十分に活用して、北朝鮮を韓国に依存せざるを得ないような状況に追い込むことで、韓国主導の統一可能性をさらに高めることが、なぜできなかったのかということである。その背景には、韓国の統一ナショナリズムと「中堅国」ナショナリズムとの葛藤が存在した。

一九九〇年代に入って、ドイツ統一の過程を参考事例として、韓国では一時、統一費用という議論が盛んになった。そこでは、当時の韓国の国力を前提とすると、実質的に東ドイツを西ドイツが吸収する形で進行したドイツ統一に要した統一費用を、韓国が負担することは「中堅国」韓国のさらなる発展にとって大きなマイナスであり、韓国としては即時に北朝鮮を吸収統一することは回避するべきであるという議論が優勢であった。したがって、北朝鮮との平和共存を達成する中で、北朝鮮の発展段階や体制をもう少し韓国に接近させることを通して、漸進的に統一を達成していくべきではないかという議論の方が韓国社会を支配した(10)。これは、韓国の「中堅国」ナショナリズムと統一ナショナリズムとの間である種の優先順位をめぐる葛藤が存在したことを示す。

その後、韓国では、アジア通貨危機を経験したにもかかわらず、その後も種々の問題を抱えながら経済の先進国化が進み、現在では、統一費用を負担することができるようになったので、積極的に統一費用を負担するべきであるという方に傾斜しているように思う。したがって、どんなに多くの費用を負担してでも、統一はいずれ韓国にとって莫大な利益として返ってくるものであり、統一を達成しなければならないと、「中堅国」ナショナリズムと統一ナショナリズムとを両立するべきだという主張が優勢になっている。朴槿恵大統領自身が、二〇一四年一月の新年記者会見で強調した「統一テバク（大当たり）」は、その両立を強力に主張したものであった。統一は韓国にとって費用を上回る莫大な利益をもたらすものであり、そうした機会を絶対につかまなければならないという意思表示である。

では、韓国の統一ナショナリズムと「中堅国」ナショナリズムとの葛藤は解消されつつあるのか。北朝鮮の核ミサイル開発に対して、現在の北朝鮮を与件とすると韓国は効果的な対応策を持っていない。したがって、一方で、どんなに多くの費用を払って北朝鮮の体制転換を図ってでも、北朝鮮の非核化を実現する必要があるという主張が出てくる。しかし他方で、韓国の力で北朝鮮を抑制することができないのであれば、韓国があえて統一費用を負担する必要があるのかどうかに関する懐疑論が提示されることになる。現状では、北朝鮮の核ミサイル開発の「既成事実」化という現実に直面して、韓国では、北朝鮮の非核化のためにはどんな手段を駆使しても構わないという議論と、結局北朝鮮の非核化のために韓国ができることは限られているという悲観論とが交錯している。したがって、統一費用をめぐる問題は、韓国の「中堅国」ナショナリズムだけで解決される問題ではなく、韓国の対大国ナショナリズムとも関係する。

第六章

中国の大国化と南北ナショナリズムの現在：南北の「用米」「用中」ナショナリズム

二〇一〇年は、GDPにおいて中国が日本を上回った年であり、アジアにおけるパワーシフトを考えるうえで画期的な年であった。それまで、アジアにおいて唯一のG7メンバーとして、先進国、経済大国としての地位を独占していた日本であったが、中国の大国化に伴って、そうした地位が変容し、ついに「日本が中国に追い抜かれる」という状況が現実のものとなったのである。[1]それに応じて中国からは「G2」「新型大国関係」というような、アジアにおいては米国と中国とが肩を並べる大国として新たな秩序形成とその管理に共同で大国としての責任を負うべきだという主張が登場することになる。

中国の大国化への日本・韓国・北朝鮮の対応

中国の大国化にどのように対応するのかをめぐって、日本、韓国、北朝鮮の対応は三者三様であった。日本では、ちょうど時期を同じくして尖閣諸島をめぐる領土問題が中国との間で緊張度を増したこともあり、中国の大国化に対する警戒感を強めた。さらに、中国との間には、過去における日本の侵略の歴史に起因した歴史問題も存在し、日本としては、中国が「解決したはず」の歴史問題を材料に対日批判を強めることに対して警戒を強めた。日本が憲法解釈を変更して集団的自衛権を認める安保法制を制定することによって、対米同盟関係をより一層強化した背景には、こうした中国の大国化への警戒が存在した。日本においてナショナリズムが強化されたのは、こうした対中ナショナリズムという側面が相当程度意識されるようになったからである。

それに対して、韓国では「機会」としてとらえる傾向が強かった。韓国は一九九二年に中国と国交を正常化して以来、一時的な「中国ブーム」があり、それに伴って中国への投資ブームがあったが、二〇〇〇年代に入ると、通常の二国間関係であるという認識に基づき一旦ブームは鎮静化した。しかし、その後も、中国の経済大国化に便乗して、中国への輸出や投資を増大することを通して、韓国経済のさらなる発展を指向した。その結果、二〇一六年、中国との貿易額が全貿易額の四分の一を占めるまでになり、かつて一九七〇年代には全貿易額の半分以上を占めていた日米との現在の貿易額を足したよりも多い状況になっている(2)。韓国の経済規模の拡大に伴って韓国経済の多角化が進み、それに伴って日米との貿易の比重は低下した。それにもかかわらず、全貿易額の四分の一を中国一国が占めることは、いかに韓国経済における中国の存在感が大きいかを物語る。こうした経済面における中国への対応における日韓の違いは、二〇一五年に中国主導で創設されたＡＩＩＢ（アジアインフラ投資銀行）をめぐって表面化した。日本は、米国の慎重論への配慮や中国主導の金融システムへの警戒感から、創立メンバーとはならなかったが、韓国は日米とは異なる判断に基づき、参加を決断し創立メンバーとなった。

さらに、韓国にとって中国の重要性は経済面だけに限定されなかった。統一を実現するために、中国の重要性が従来以上に飛躍的に高まることになったからである。冷戦期は、中国は北朝鮮と共に朝鮮戦争を戦った「血盟」として「北朝鮮寄り」であり、さらに、自らが固執する「一つの中国」との整合性を考慮して、北朝鮮の「一つのコリア」政策を支持したために、韓国主導の統一を認めないことはもちろん、韓国を国家として承認しなかった。しかし、冷戦の終焉後、一九九二年の中韓国交正常化を契機として中韓関係が密接度を増し、中国は従来の「北朝鮮一辺倒」の外交を止揚し「南北等距離外交」を指向するまでになった。そうした変化に応じて、中韓関係を良好な関係に保つことが、来るべき韓国主導の統一に関する中国の承認を獲得し、それを実現するためには必要であるという認識が、韓国社会で台頭することになる。韓国は依然として安全保障に関しては対米同盟関係を重視する姿勢を堅持するが、それに劣らず、中国との良好な関係の維持を重視せざるを得ない。したがって、米中関係の摩擦や緊張が激化して、どちらの側につくのかを韓国が迫られる状況になることを、何としても回避しようとする。しかし、だからと言って、米中関係を良好に保ち、緊張の激化を防ぐために、韓国が単独でできることは限られており、それは米中という大国に依存するしかない。

「G2」「新型大国関係」という言葉が、それを好むと好まざるとにかかわらず最も頻繁に使われるのは、中国を除けば韓国である。米中の存在感を強く意識し、そうした米中の狭間で米中関係の動向に敏感にならざるを得ない韓国の状況を示している。それに対して、そうした言葉をできるだけ使いたくないと考え、実際に使っていないのが日本である。日本では、「日本が中国に追い抜かれた」という事実は衝撃的であるだけに、それをできるだけ「過小評価」しようとする心理的圧力が作用する。さらに、過去、中国を侵略して莫大な被害を与えたという歴史事実があり、それに起因した歴史問題が中国との間に依然として横たわっている。まさに、そうした中国が大国化することに対して、日本はより一層脅威を感じる。

さらに複雑なのは北朝鮮である。冷戦期の一九七〇年代以後、北朝鮮にとって経済依存度が最も高く、政治的にも北朝鮮の立場をある程度代弁してくれたのは中国であった。したがって、頼るべき中国の大国化は、北朝鮮にとって不利な状況ではなかったはずである。にもかかわらず、北朝鮮にとって「血盟」関係にあると言われた同盟国中国が、北朝鮮と対峙する韓国との関係を強め、北朝鮮の核実験やミサイル発射に対する制裁などに関しては「韓国寄り」の姿勢を示すことに対する不信感を強めるようになる。さらに、国家の生存を図るために、そうした不信感を拭えない中国との貿易が北朝鮮の全貿易額の九割を占めるほど経済的依存を強めざるを得ない状況に、より一層苛立ちを強める(3)。

以上のように、二一世紀に入ってより一層顕著になる中国の大国化に代表される東アジアにおけるパワーシフトは、日本、韓国、北朝鮮のナショナリズムにも多大な影響を及ぼすことになる。

北朝鮮核ミサイル問題の深刻化と六者協議

中国の大国化と共に、東アジアにおけるパワーシフトの重要な一因は、朝鮮半島における南北体制競争における韓国の勝利であった。北朝鮮は、中国の大国化に便乗して体制競争における勝利を獲得することはできず、北朝鮮主導の統一はほぼ不可能となり、北朝鮮は統一ではなく自体制の生存の方に優先順位を置くようになった。

北朝鮮はそうした生存戦略の一環として、核ミサイル開発に本格的に取り組むようになった。北朝鮮の核ミサイル開発の起源をどこに求めるかは議論の余地があるが、北朝鮮は、核実験を繰り返して核兵器の小型化と軽量化を図ると共に、アメリカ本土までを射程距離に収めるミサイルを開発することによって、アメリカに対する核抑止力を獲得することを目指す。それによって安全保障を確実にすると共に対米交渉力の向上を図ろうと企む。

二〇〇二年一〇月以降、北朝鮮が一九九四年のジュネーブ米朝枠組み合意の趣旨に反して、核開発を凍結せず、濃縮ウランによる核開発を継続していたことが明らかになり、それに伴って「第二次核危機」という状況が生まれたことは、それ自体が東アジアの安全保障環境に致命的な脅威を与えるのみならず、東アジア国際政治の枠組みにも重大な変化をもたらすことになった。結果的に二〇〇八年を最後に開催されず中断が続いているが、北朝鮮の核ミサイル問題を解決するために、二〇〇三年八月に、日米中ロと南北で構成される六者協議が組織された。この六者協議は、基本的には、北朝鮮の核ミサイル問題に関して対立する日米韓と北朝鮮との間で、中国が議長国として仲介の役割を果たし、それにロシアが加わるというものであった。北朝鮮に対して核ミサイル開発の放棄を迫ると共に、その代わりに、北朝鮮は、その他の国に対して原子力発電所の建設、その完成までのつなぎのエネルギー支援、未修交の日米との関係改善に向けた交渉などを求めるという構図であった。(4) この議長国に中国が就くことによって、朝鮮半島に対する中国の発言力は飛躍的に高まることになった。中国にとっては厄介な北朝鮮問題に取り組まなければならず、それに適切に対処できずに北朝鮮の挑発を抑えられないということになると、逆に中国の国際的威信に対する打撃になるが、中国は、六者協議の議長国として、韓国にも北朝鮮にも影響力を誇示したのである。また、米国も北朝鮮問題に関する責任とその責任にふさわしい政策の選択を中国に求めると共に、そうした中国の地位を認めたのである。

しかし、韓国の統一ナショナリズムと対大国ナショナリズムとの両立という条件が、第二次核危機と、それに伴って中国が北朝鮮と日米韓との仲介役を果たすという構図が成立することによって、根本的な再検討を迫られることになったのである。これ以後、韓国は朝鮮半島をめぐる国際政治の「主役」であることを放棄せざるを得なくなり、北朝鮮の行動を抑制するために、韓国自身が重要な役割を果たすというよりも、米中という大国の役割に依存せざるを得なくなっていった。こうした危機管理のための国際的枠組みにおいて韓国が「周辺的地位」に追いやられることに対する不満が堆積されつつあるが、それは韓国の核ナショナリズムに反映される。

韓国の核ナショナリズム

北朝鮮が相当な射程距離と正確な命中精度を備えた核弾頭の運搬手段を持つ核保有国になることは、その軍事的脅威に直面する日韓のナショナリズムにも重大な影響を及ぼす。日韓双方とも、その強度において違いはあるが、「北朝鮮に対抗して自国も核兵器を持つべきだ」という議論が台頭する。日本では、被爆国であることに起因した反核感情や平和憲法の制約などもあるために、核武装論が多くの国民の支持を獲得するとは考え難いが、韓国では、その実現可能性をどの程度見積もっているのかは別として、「北朝鮮に対抗して韓国も核武装するべきだ」という議論は過半数を超える支持を受けている。[5] 敵対する国家が軍備を拡大すれば、それに対抗して自国も相応の軍備を拡大するというのは、ナショナリズムの発露としては自然だからである。

但し、核武装論をめぐる様相は、もう少し複雑である。韓国は、自国が北朝鮮の核の脅威に晒されているのだから、核抑止力として核武装を一つの手段として考える。しかし、従来、北朝鮮だけでなく中国や旧ソ連の核の脅威に晒されていたわけで、それに対しては、米国の核の傘という拡大抑止によって対応してきた。韓国で核武装論が提起された背景には、北朝鮮がミサイル開発に成功して米国本土を攻撃する核攻撃力を持つに至った場合の米国の対応に関する信頼性への懐疑が介在する。米国の拡大抑止を信頼しているのであれば、独自の核武装論を今更提起する必要はない。北朝鮮の核が米国本土を射程に収めた場合に、果たして米国は自国が核攻撃に晒されるリスクを冒してまで、北朝鮮の核の軍事的脅威から同盟国である韓国を防衛してくれるのかを懸念する。

韓国の核武装論は、NPT（核不拡散条約）体制からの離脱、米国の核の傘からの離脱を意味する。核武装論への批判として、米国の核の傘という拡大抑止に頼る方が、北朝鮮の核攻撃を抑止するには効果的であるという見方がある。ただ、これは拡大抑止の信頼性をどの程度認めるのかどうかにかかっている。北朝鮮の核武装は、韓国にとって、米国は自国を危険に晒してでも韓国の安全保障のために貢献してくれるのかどうかを計るテストとなる。さらに、韓国では、北朝鮮の核武装は日本の核武装を促進するのではないかという日本の核武装論に対する警戒も強い。韓国では、日本の反核感情を過小評価し、日本は機会さえあれば核武装を含む軍事大国化を指向する存在であり、警戒を怠るべきではないという見方が根強いのである。このように、こと核の問題になると、韓国が従来堅持してきた「大国への不信」に基づく対大国ナショナリズムが表面化する。(6)

韓国の「中堅国」ナショナリズムが、それまでの対大国ナショナリズムの問題を相当程度克服して統一ナショナリズムに収斂するという構図に対して、北朝鮮の核保有問題は根本的な疑問をつきつけることになる。体制競争における勝利を勝ち取り、韓国主導の統一可能性が開かれようとした、まさにその時点で、そうした可能性を封じ込めるために北朝鮮が核ミサイル開発に本格的に取り組むようになる。さらに、それに適切に対応してもらわなければならない大国が、自国の利益を優先させ韓国の安全保障上の脅威除去に真摯に取り組んでくれないと不信感を募らせる。このような統一ナショナリズムの不全と対大国ナショナリズムの不信が相乗的に働くようになっているからである。

さらに、核武装問題は、たとえ韓国主導の統一を達成したとしても、統一韓国が核を保有するべきかどうかという、もう一つ別の問題を提起する。韓国国内で、こうした議論が少しずつ行われているが、日本で考えるよりも韓国の反核感情は強くはないために、不確かな安全保障環境を考慮すれば、統一韓国は核を保有するべきであるという主張は意外と強い。日本には、韓国にはない反核感情や憲法上の制約などもあるために、事情は異なるのだが、それでも、北朝鮮のみならず韓国が核保有を選択した場合に、日本の核武装論に影響を及ぼさざるを得ない。北朝鮮の核武装よりも韓国の核武装の方が日本にとっては衝撃が大きいことが予想され、したがって、核武装への誘因になる可能性はある。北朝鮮は「小国」だが韓国は「大国」を指向する「中堅国」であると共に、歴史問題や領土問題などにおける「反日」は北朝鮮よりもずっと可視的であるからである。このように、核をめぐる問題は、関係各国の核武装論を連鎖的に誘発することで、韓国の軍事的ナショナリズムをより一層顕在化させる可能性がある。

韓国の「中堅国」ナショナリズムと対米・対日ナショナリズム

二〇〇〇年以前の韓国の対大国ナショナリズムは、対米同盟関係を基本として安全保障を堅固にしたうえで、その次に日本との協力関係を利用するというものであり、基本的には「用米」であり「用日」であった。対日関係においては、「抗日」と「用日」との狭間で、どのような選択をするのかという問題に直面したことは確かだが、それを除けば、それほどの困難はなかった。

対米関係に関しても、一九七〇年代に顕在化したような、駐韓米軍の削減や撤退が問題となる場合、さらに、二〇〇〇年代に入って浮上する、韓国軍に対する戦時作戦統制権を米国から韓国に返還する問題など、米韓同盟における米国による「見捨てられ」の懸念が問題になることはあった。但し、とりあえず現在は、こうした問題は緊急の議題や争点にはなっていない。韓国の対大国ナショナリズムは米国との摩擦も特段なく、さらに日本との関係も摩擦を孕みながらも対等な関係になることで、殊更に大国に抵抗したり対抗したりしなければならないと意識する必要は減少したように思われる。それが「中堅国」ナショナリズムとしての責任ある自制的なナショナリズムにも現れている。

しかし、韓国が「中堅国」になったとは言え、米国と「対等な」関係になるということは、北朝鮮のようなフィクションに依存しない限りは困難であった。また、韓国としても、そこまでして米国との関係の対等化を意識する必要はない。さらに、米国は自国の国益を優先させて韓国を「見捨てる」のではないかという、韓国が対米同盟関係に関してずっと抱き続けてきた警戒感が存在したが、南北体制競争における韓国の勝利で、米国からの「見捨てられ」の懸念をそれほど強く意識しなくてもよくなった。但し、依然として韓国には、朝鮮半島有事における米国の役割に対する期待が大きい反面、本当に米国は韓国を助けてくれるのかという不信感もあるため、米国を朝鮮半島につなぎ止めるためにも、韓国軍に対する戦時作戦統制権を駐韓米軍司令官に持たせ続けるべきだという、ある意味では韓国のナショナリズムとは背馳する考え方も根強い。(7) さらに、韓国には、日本との対立争点に関して「米国を味方につけて日本を牽制する」「米国を日本寄りにさせない」という姿勢も垣間見られる。その意味では依然として「用米」ナショナリズムという意識は強い。

対日関係に関しては、日韓関係が垂直的なものから水平的なものに変容する中、従来の日本の力の優位下における「小国」韓国の「抗日」ナショナリズムから、日韓関係の水平化に基づく「中堅国」韓国の「競日」ナショナリズムへの変容は、それまでとは違った新たな問題を噴出させることになる。「小国」韓国は、一方で、日本の支配を受けたという歴史的経験を持っているために、「大国」日本からの制約を克服して自立を確保することを目標としてきた。しかし、日本からの経済協力を獲得して、韓国経済を発展させるための手段としてそれを利用する必要性も大きかったので、日本に対する批判的姿勢には一定の限界が存在した。換言すれば、韓国は「抗日」ナショナリズムを掲げつつも「用日」ナショナリズムによるブレーキが働いていたのである。

ところが、韓国が「中堅国」になったことによって、「用日」の必要が低下したことは否定できない。また、日韓間の力関係の格差も縮小したために、韓国から見ると日本に対して、それまで十分には要求できなかったことを今こそ要求することが可能となったという認識が台頭する。さらに、場合によっては、日本に追いつき、さらには追い越す可能性も視野に入れることになり、そこでは日本を競争相手、しかも、超えるべき競争相手として意識することになる。しかし、そうした韓国の「新たな」要求を日本がそのまま受け入れるわけにはいかない。ここに日韓間の新たな葛藤の素地が生まれるのである。

韓国の「中堅国」ナショナリズムと米中関係

米中という二つの大国間関係の中、しかも、米中は相互に依存しながら政治的には対立する、そうした米中関係の中で、「中堅国」韓国がどのように対応するのかという問題に直面する。韓国や朝鮮半島をめぐる米中の政策が一致したり、少なくとも同一方向を向いたりしているのであれば、特段の困難はないのだが、乖離がある場合に、韓国としては、そうした米中の異なる政策にどのように対応するのか、特に、米韓関係も中韓関係も損なわない形でどのように対応するのか、という非常に困難な課題に直面することになる。

韓国にとって、こうした二つの大国に挟まれた中で、いかに生存を確保するのか、もしくは、いかに自主性を維持するかという課題は、一九世紀末から二〇世紀初頭の歴史的経験を想起させる。一九世紀末における朝鮮半島をめぐる日中対立の中で、さらに一九世紀末から二〇世紀初頭にかけて朝鮮半島をめぐる日露対立の中で、朝鮮がいかに自立と生存を確保しようとしたのか、また、その帰結はどうであったのかという問題である。朝鮮は、この二つの課題に直面したが、日清、日露の二つの戦争の結果、中露に対する日本の優位が確保され、日本の排他的な影響下で独立を失い植民地にされた。こうした歴史的経験は決して繰り返されてはならないものであった。

もちろん、その当時の朝鮮半島をめぐる国際政治と現状のそれとは決定的に異なる。米中が朝鮮半島を排他的に影響下に置く、もしくは支配をめぐって対立するという構図は、現在の国際規範や米中双方の合理的な計算に基づけば成立し難く、韓国の生存が問われているわけでは決してない。しかし、生存の次に大事な国家目標とも言える韓国主導の統一の実現を考慮すると、韓国がこうした米中関係という大国間関係にどのように対応するのかは死活的に重要になる。

米韓関係と中韓関係が等距離であるということでは決してない。しかし、日本と比較すると、韓国にとって米韓関係と中韓関係との距離感は決定的に異なる。日本は日米同盟関係が厳然と存在し、日中関係は、日米関係に比べるとずっと距離が遠い(8)。したがって、日米関係と日中関係のバランスをとるという発想自体、ほとんどない。それに対して、韓国にとって米韓関係の方が中韓関係よりも近い関係であることは日本と同様であるが、日本と異なり、その差はそれほど大きくはない。換言すれば、韓国にとって、米韓関係は重要だが、それに劣らず中韓関係も重要であって、一方が他方を犠牲にするというようなことは何としても回避しなければならないと考えるのである。

韓国にとって最も重要な安全保障領域では対米同盟関係が基本であるが、経済的には中国との関係がより一層重要であるし、さらに、北朝鮮に対する影響力や韓国主導の統一の可能性を視野に入れると、中国との関係を良好に保つことで、韓国にとって望ましい方向で中国が北朝鮮に対する影響力を行使し、韓国主導の統一を中国が認めるようにしていくことが必要になるからである。したがって、対米関係への配慮を優先させて対中関係を犠牲にしてもよいということにはならない。朴槿恵政権は、二〇一五年までの三年間、対米関係だけでなく対中関係にも十分に配慮し、習近平主席との間で首脳会談を頻繁に行った。(9) そして、二〇一五年九月三日、中国の抗日戦争戦勝七〇年の記念式典にも、朴槿恵大統領は「西側」の指導者としては唯一参加した。

にもかかわらず、それを頂点として、その後中韓関係は一挙に冷え込んだ。二〇一六年一月六日の北朝鮮の四回目の核実験に直面し、北朝鮮の挑発を抑える中国の影響力行使には限界があると韓国政府は中国を「見限り」、その直後、それまで米国の要請があったにもかかわらず中国に配慮して配備を留保していたＴＨＡＡＤ（高高度迎撃ミサイル）の韓国配備を決断した。この決定は、中韓関係に重大な亀裂をもたらし、それ以後の中韓関係は急速に冷え込むことになった。但し、韓国としてもそうした中韓関係の現状に満足しているわけでなく、中国に対しては、THAAD配備が中国向けのものではなく、あくまで北朝鮮向けの韓国の安全保障上、必要不可欠なものであり、決して、この配備という選択が「反中」的ではないという説得を試みる。しかし、中国の「怒り」は収まらず、韓国に対する事実上の「制裁」的行動を行うことで、韓国政府や社会を動揺させようとしている。具体的に、韓国への団体観光を規制したり、中国に進出する韓国企業に対する統制を強めたり、また、文化コンテンツなどの輸入を制限したりしている。

「保守」と「進歩」の二つの勢力のどちらが政権を掌握するのかによって、米中との距離感には、対米同盟関係を基軸としながらも、中韓関係を相対的に近くとるのか、遠くとるのか、違いが見られると予想される。今後、韓国主導の統一に現実味が増し、中国が韓国主導の統一を承認する必要条件として米韓同盟の解消や駐韓米軍の完全撤退を求めた場合、もしくは、北緯三八度線以北の米軍駐留を認めないとした場合、韓国はどう対応するのか、難しい選択を迫られることになる。韓国は素直にそれに従うのか。それは韓国からすると、たとえ米国がそれに同意したとしても、米国から「見捨てられる」リスクとして受け止められるかもしれない。また、統一を実現したとしても、相当程度中国の影響下に置かれることを覚悟しなければならないのかもしれない。そうではなく、そうした統一であるならば、受け入れずに、ともかくも、中国の影響力を相対的に排除する形であくまで韓国が自主的に、日米などの支援を獲得して統一を、中国の承認なく強引に進めていくのか。しかし、現在の中国の存在感を考慮すると、中国が自らに敵対的な統一国家が朝鮮半島に成立することを認めるとは考え難い。このように、韓国はどこまでいっても対中関係に配慮せざるを得ない状況が続いていく。

北朝鮮の「並進」ナショナリズムの行き詰まり

「並進路線」は、核軍事力建設と経済建設とを「並進」するという意味であり、二〇一三年三月の朝鮮労働党の党中央委員会総会で公式化された。ミサイルの射程距離延長と核弾頭の小型化・軽量化を進め、アメリカ本土を射程に入れた核兵器を保持することによって、アメリカに対する核抑止力を獲得し北朝鮮の安全は確保される。また、北朝鮮の現体制をアメリカ政府に認めさせ、北朝鮮は「対等な立場」でアメリカとの直接交渉に臨むことができる。また、核兵器は費用対効果において安上がりな兵器である。したがって、残った多くの資源を経済建設に投入することが可能となる。このようにして、核軍事力建設と経済建設とが見事に両立される。しかも、「核保有国」であることを他国に認めさせることで、より強い立場からの外交が可能となる。北朝鮮がなぜ国際社会の批判にもかかわらず核・ミサイル開発に邁進するのか、そして自らが「核保有国」であるという既成事実を他国に認めさせることに執着するのか、その行動の背後には、こうした政治的意図が存在する。

このように並進路線に基づいて、北朝鮮の対米抑止力を確保し安全保障を確実なものにすると共に、経済的にも「強盛大国（国家）」を建設することにより、韓国主導の統一を回避する、そうした意味でのナショナリズムが「並進」ナショナリズムである。この「並進」ナショナリズムは現在進行中であるために、その実績を評価することは難しいかもしれないが、中間評価とは言え、その成果をどのように評価することができるのか。

核ミサイル開発によって核抑止力を確保することで安全保障を確実なものにすることができるのか。これについて、現状のままでいくと、それに対抗するために、それまで撤去されていた米国の戦術核が韓国に再配備されると共に、北朝鮮のミサイルを迎撃するためのミサイル配備も行われる可能性が高くなるなど、少なくとも北朝鮮を取り巻く安全保障環境を考えると、安全になったとは言い難いし、むしろ脅威は大きくなったと言わざるを得ない。そうした脅威は今になって大きくなったわけではなく恒常的に存在したものであり、そうした脅威を自らの核抑止力強化によって相殺することができると主張するのかもしれない。たしかに、北朝鮮の核保有が、日韓などの非核保有国にとっての軍事的脅威を増大させたり、米国にとっても自国を射程に入れた核攻撃力を持つという不気味な存在になったりすることはあるかもしれない。しかし、何よりも、北朝鮮の安全に貢献しているのかどうかは大いに疑問である。北朝鮮にとって、そうした軍事的脅威の増大を国内の体制固めのために利用できるというメリットはあるかもしれないが、自らの核保有が安全保障に必ずしも役立たないという「安全保障ディレンマ」は従来から指摘されてきたことである。

では、次に、核保有によって「節約された」国家予算を経済建設に振り向けることによって、ある程度の経済力に基づいて国民の生活水準を一定程度にまで押し上げて、韓国主導の統一を回避することができるようになるのか。この点についても、北朝鮮は深刻なディレンマを抱えざるを得ない。北朝鮮の経済の立て直しはもちろん必要なことではあるが、北朝鮮経済が回復されたからと言って、韓国経済に吸収されるリスクが減るわけではないからである。むしろ、北朝鮮経済の回復は場合によっては韓国経済による吸収統合を加速するかもしれない。また、それを拒否するためには、北朝鮮にとってもう一つの「頭痛の種」である中国経済への過剰な依存が高まるという、また別のリスクを冒さなくてはならなくなる。

そもそも、いくら節約されたからと言って、社会インフラの整備などを含めた北朝鮮経済の立て直しに必要な膨大な資金を、自前で調達することが可能になるとも言い難い。核を保有する限り、経済制裁は続き外資を導入することは困難である。そうすると、経済の現状維持はともかく、経済の立て直しは相当に困難なハードルが立ちはだかっていると言わざるを得ない。

さらに、北朝鮮にとってみれば、一九九〇年以後、ポスト冷戦期における最も重要だと考えてきた対米関係の改善という目標がむしろより一層難しくなる。米国本土を射程に収めた核攻撃力を持つことができれば、米国としても、自国の安全保障を犠牲にしてまで韓国防衛を優先させるわけにもいかないし、また、北朝鮮との平和協定の締結に踏み込むのではないかという期待があるのかもしれない。しかし、九〇年以後の状況を振り返って見ると、平和協定の締結なども含めて、対米関係の改善をより一層困難にしてきた最大の原因は北朝鮮の核ミサイル開発であり、結局、北朝鮮としてはみすみすそうした機会を逸してきたと言うべきではないか。北朝鮮としては、それは核ミサイル開発の過程なので、米国としても相手にはしなかっただけであり、核ミサイル開発が完成段階に到達すれば、米国としても、それを無視することはできず北朝鮮との交渉に応じざるを得なくなると考えているのかもしれない。

北朝鮮と中国との関係に関しては、中国は北朝鮮の核ミサイル開発に反対し、それに対する国連安保理の制裁決議にも三回目の核実験からは明確に賛成するようになり、四回目の核実験からは独自制裁も行うようになっている。しかし、北朝鮮の体制存続を危うくするようなリスクを冒してまでの強力な制裁には慎重であり、中朝関係に緊張はあるものの、辛うじて、北朝鮮の経済や体制を中国が支えている格好になっている。しかし、中国にとって、北朝鮮は地政学的には「唇歯の関係」であり、朝鮮戦争で共に戦った「血盟」関係であったとしても、経済的な意味で韓国の存在感が大きくなると共に、対米、対日関係を考慮すると、その間に存在する韓国との関係は、地政学的にも、安全保障上でも重視せざるを得なくなる。それに加えて、北朝鮮の核ミサイル開発は、場合によっては、中国の「北朝鮮離れ」をより一層促進することになる。日米との関係改善が思い通りにいかない中、中国との関係が疎遠になることは、北朝鮮にとって外交的孤立を免れないことになる。

以上のように、北朝鮮の「並進」ナショナリズムは、北朝鮮の経済の立て直しや国内体制の整備という近代化ナショナリズムと、いかにその力を利用しながら自立を獲得するかという対大国ナショナリズムの、両側面における画期的転換を指向したものである。確かに、核ミサイル開発がなければ国際社会において誰にも相手にされず韓国による吸収統一を待たなければならないだけの状況だったのかもしれない。したがって、北朝鮮のこうした選択は、このジリ貧状況を脱して、ともかく国際社会における存在感や注目度を高めるという効果はあったかもしれない。にもかかわらず、近代化ナショナリズム、対大国ナショナリズムという両側面で、北朝鮮ナショナリズムは所期の目的を十分に実現できていないという厳しい現実に直面する。

南北の非対称的な統一ナショナリズムと対称的な対大国ナショナリズム

一九九〇年以降、南北の非対称性は決定的になり、体制競争という表現すら使用されなくなった。これは、韓国のみならず北朝鮮でさえ、韓国との競争を自覚的に排除するようになったことに示される。にもかかわらず、ここに来て、それぞれの「用米」「用中」ナショナリズムという点では、その中身に違いはあることは確かであるが、共通点を持つようになる。中国の大国化、日韓の水平化、南北体制競争の韓国勝利という東アジアのパワーシフトは、南北の統一ナショナリズムと対大国ナショナリズムに関して、統一ナショナリズムの不可逆的な非対称性と、対大国ナショナリズムの対称性という二つの帰結をもたらす。

韓国は「中堅国」ナショナリズムとの内部葛藤を抱えていることに留意する必要はあるが、統一ナショナリズムをより一層前面に掲げるようになっている。それに対して、北朝鮮は統一という看板を下ろしてはいないが、実質的には「統一回避」ナショナリズムに従うことによって、統一ではなく分断、つまり現体制の生存を優先している。その意味で、非常に非対称的な関係である。南北は元来、対称的な関係から出発し、統一という目標を共有しながらも、それぞれが自ら主導の統一を指向し、そのための体制競争を熾烈に展開してきた。しかし、一九九〇年くらいまでには、体制競争が韓国勝利で決着し、その力関係が非対称になっただけでなく、その目標や戦略に関しても非対称なものとなったのである。グローバルな冷戦が終焉し、体制競争に決着がついたにもかかわらず、そこに埋め込まれた南北分断体制がなぜ持続するのか、まずは、こうした統一ナショナリズムをめぐる非対称性に、その原因が求められなければならないだろう。

では、そのうえで、南北のナショナリズムには全く共通点がないのか。「抗大国」「用大国」という対大国ナショナリズムの点では、奇妙な形ではあるが対称性が見られる。韓国も北朝鮮も、体制競争に勝利し統一における主導権を握るためにも「用大国」ナショナリズムを常に念頭に置いてきた。しかし、他方で、大国に蹂躙され支配されたという歴史的経験、さらに、分断後も、それぞれ大国による制約を受けざるを得なかったという状況もあり、そこからいかに生存や自立を達成するのかという目標を「抗大国」ナショナリズムとして掲げた。「抗大国」

と「用大国」とのバランスをいかに保つのかに腐心してきたのが、南北の対大国ナショナリズムであった。但し、南北において程度の差はあり、一九七〇年までの北朝鮮の優位な状況では、北朝鮮は韓国ほど「用大国」ナショナリズムの切迫性を感じることはなかった。逆に、韓国は北朝鮮より不利な状況では、「抗大国」を自制して「用大国」の方を優先せざるを得なかった。しかし、七〇年代以後、南北の力関係が均衡化する中、南北双方における「抗大国」と「用大国」という二つのバランスは接近する。その帰結が、七〇年代のデタント下における南北ナショナリズムの接近として現れた。

一九八〇年代以降、南北体制競争が韓国優位に展開、さらに韓国勝利に決着することが、本来であれば、韓国にとっては「用大国」の必要性を減少させることになるはずであった。しかし、現実は、むしろ、韓国は「中堅国」ナショナリズムと統一ナショナリズムとの整合という課題に取り組まなければならないだけでなく、核ミサイル開発を推進する北朝鮮の「統一回避」ナショナリズムや「並進」ナショナリズムに対する有効な手立てを欠いた状況で、それへの対応やその先にある統一という課題に関して、米中という大国により一層依存せざるを得ない状況に直面する。北朝鮮の挑発を抑制し、さらに来るべき統一を実現させるために、単に北朝鮮よりも優位な体制を持つだけでは不十分であり、米中という大国の力に頼らざるを得ないのである。しかも、そうした米中が韓国のために協力してくれるという保障は全くなく、むしろ現状は、緊張関係が高まる状況にある。韓国にとっては「用大国」ナショナリズムの必要性が高まっているにもかかわらず、それが実現される確実な見通しがない現状である。

では、北朝鮮の対大国ナショナリズムはどうか。北朝鮮は、核ミサイル開発という「並進」ナショナリズムを進めることによって、米国との対立を深め、また、中国との関係も緊張に満ちたものになって孤立を深めている。その意味では「抗大国」ナショナリズムの方がより一層強く現れていると言えるかもしれない。しかし、なぜ、核ミサイル開発に邁進するのか、その動機を考えると、むしろ、北朝鮮なりの「用大国」ナショナリズムが垣間見える。北朝鮮はもちろん「反米国家」であることは間違いない。しかし、そうであればあるほど、それは北朝鮮が対米関係を何よりも気に掛け重視していることの裏返しでもある。特に、北朝鮮にとって韓国との体制競争に勝利するという可能性が全く閉ざされた状況下でいかに「統一回避」ナショナリズムを実現するのか、それを対米関係の改善に求めざるを得ないことになる。但し、北朝鮮にとっての対米関係の改善のためには米国と「対等な」関係を持つ必要があり、そのために核ミサイル開発が必要だということになるわけである。さらに対中関係に関しては、北朝鮮にとっては南北関係を通した経済協力の可能性が閉ざされる中、生存するためには中国への経済的依存を強めざるを得ない。にもかかわらず、中国の言いなりにならないためにも、対中依存はできるだけ高めたくはない。したがって、対中依存とのバランスをとるためにも、北朝鮮は日米韓との関係改善もある程度は念頭に置かなければならないことになる。

以上のように、朝鮮半島は自主的に統一するという名分があるにもかかわらず、韓国、北朝鮮とともに、「用大国」ナショナリズムの必要性をより一層高めざるを得ないという点で、双方ともに、それぞれ異質ではあるが、同様なディレンマに直面している。

第七章　朝鮮ナショナリズムと日本

本章では、今まで時系列的に論じてきた朝鮮ナショナリズムを特に日本との関係に焦点を当てて再論する。朝鮮にとって日本というのは、朝鮮を植民地支配した主体であるという意味で「特別な存在」であることは間違いない。世界中の国の中で、韓国ほど、日本の一挙手一投足を注視し批判的な視線を投げかける国はないであろう。しかし、それを拡大解釈することで、「朝鮮ナショナリズムは反日ナショナリズムに帰着する」とまで言えるのかどうか。本書でも見てきたように、朝鮮ナショナリズムには、実にいろいろな要因が絡んでいるのであり、「日本要因」だけが決定的に作用しているわけではない。

本章では、そうした前提に基づいて、朝鮮ナショナリズムにおける「日本要因」について、それが時間の推移と共に、どのように変容してきたのかを明らかにする。最後に、日本のナショナリズムにおける「朝鮮要因」についても併せて考察を加えることで、その両者間の葛藤原因を探る。

朝鮮ナショナリズムにおける「日本」：反日ナショナリズムの相対化のために

日本では、韓国、北朝鮮を併せた朝鮮は「反日の国」であり、「朝鮮ナショナリズム＝反日ナショナリズム」という見方が相当程度共有されているように思う。確かに、日本から見ると、そのように見えないこともない。日本社会では、特に最近、以下のようなイメージが定着しつつあるように思われる。「韓国・北朝鮮は、事あるごとに歴史を持ち出して日本を『目の敵』にする。韓国、北朝鮮にとって反日はそもそも身に染みついたアイデンティティであって、そこから抜け出ることはもはやあり得ないのではないか。そうであれば、そうした国と友好的に付き合うことはそもそも不可能なのだ」というものである。

しかし、こうした見方は、日本と韓国・北朝鮮との関係の非対称性から帰結される側面がある。日本が朝鮮よりも「強国」であったことから、日本にとっての「朝鮮」の比重よりも、朝鮮にとっての「日本」の比重の方が常に大きかった。したがって、「朝鮮に対する日本の関心」よりも、「日本に対する朝鮮の関心」の方が常に高かった。それに基づいて、このように解釈されることになるのかもしれない。しかし、今まで論じてきた朝鮮ナショナリズムの射程を考えると、それが反日ナショナリズムだけに還元されるものではないことは明らかである。むしろ、日本の位置づけは一部であり相対的なものに過ぎないことがわかる。朝鮮ナショナリズムにとって、日本は唯一無二な絶対的な対象ではなく、他国と比較した相対的な対象でしかないはずである。

端的に言えば、一九四五年以後、韓国にとって常に日本は「ナンバー・ツー」もしくは「ナンバー・スリー」の存在でしかなかったことが、それを示している。韓国にとっての比重がそうなのだから、国交すらない北朝鮮にとっては、それよりもずっと低いと考えるべきだろう。韓国にとって、四八年の建国以来、日本は米国に次ぐ第二に重要な国であり続け、対日ナショナリズムは対米ナショナリズムとの比較の中で位置づけられた。ところが、九二年の中韓国交正常化以後、「ナンバー・ツー」の地位は中国に取って代わられ、対日ナショナリズムは対中ナショナリズムとの比較の中でも設定されるようになったからである。

にもかかわらず、日韓、日朝双方とも、相互にそれを絶対化している、もしくは、しようとしているように思う。その結果、「日本と朝鮮半島との歴史的経緯からして、相互に敵対することは運命的に決まっている」というように、相互の認識を固定的に設定することになる。これは、何も、韓国や北朝鮮からだけではなく、日本の方からもそうしたことが言える。そうすることによって、「相互不信下における日本と朝鮮のそれぞれのナショナリズムは和解不能だ」という結論を導くことになってしまう。しかしながら、日本にとって韓国・北朝鮮はそれぞれ重要ではあるものの周辺国の一つでしかないように、韓国・北朝鮮にとっても日本は重要ではあるものの周辺国の一つであるにすぎない。そうした当たり前の事実をもう一度喚起する必要がある。

朝鮮の対日ナショナリズムの歴史的展開

朝鮮のナショナリズムにおける日本の位置づけが歴史的にどのように展開されたのかを前述の議論を整理する形で再論する。言い換えれば、朝鮮という国家にとって日本とはどのような存在であるのかを考察する。一方で、朝鮮にとって日本は、利用価値の大きい、そして、利用しなければならない存在である。朝鮮によって「用日」ナショナリズムは必須である。しかし、他方で、警戒しなければならず、決して気を許してはならない存在でもある。その意味では常に「抗日」ナショナリズムで日本に対応しなければならないということになる。韓国の対日ナショナリズムは、こうした「用日」ナショナリズムと「抗日」ナショナリズムとの狭間を揺れ動いてきた、もしくは、それを使い分けてきた。

㈠競争と協力（一八五〇年代〜八〇年代）：「用日」ナショナリズムの挫折

第一期は一八五〇年代から八〇年代までの時期で、日本と競争しつつも協力を模索した時期である。西欧列強による侵略を目前にして、日本、朝鮮ともに、従来の鎖国体制を可能な限り維持しようとしたが、それが困難な場合には開国体制をいかに整備するのかという共通課題に直面した。その意味ではそうした困難な共通課題に立ち向かうための協力を一方では模索することになる。しかし、他方では、そうした共通課題に対して、日朝どちらの方が適切に対応することができるのかを競争するという局面も存在した。

当初は、鎖国体制をいかに維持するのかをめぐり、日本よりも朝鮮の方が長期間、開国圧力に抵抗して鎖国体制を維持することができた。日本は元来が幕藩体制という「地方分権」体制であったため、西洋の開国圧力への対応をめぐり国論が分裂した。そうする中で、結局、一旦開国を認め、その圧力を利用して明治維新という「革命」を断行し中央集権的な近代国家を構築することで、近代国家への道を歩むことになった。朝鮮は、元来国王を中心とする中央集権国家であったために、ある時点までは開国圧力を退けることに成功した。また、元々、日本よりも朝鮮の方が地政学的に開国圧力の強度が相対的に弱かったという事情もあった。以上のように、鎖国体制維持の競争では朝鮮が日本を凌駕したと言える。しかし、朝鮮の場合は、開国時期が日本よりも遅れることによって、逆に、一旦開国を余儀なくされた後の対応において日本の後塵を拝することになった。しかも、まさに、その日本が近代化を達成したという実績を背景に、朝鮮に対して開国を迫る帝国主義勢力の一員として新たに登場することになった。そして、現実に朝鮮を開国させる先鞭をつけたのは日本であった。一八七五年の江華島《カンファド》事件によって朝鮮に開国を迫り、翌七六年日朝修好条規を締結して朝鮮を開国させたのである。

その後、帝国主義勢力の間で朝鮮を日本の味方につけるという目論見もあり、さらに、日本にとっては隣接する朝鮮が日本以外の帝国主義国家による排他的な勢力圏下に置かれた場合に日本の安全保障にとって死活的に危険な状況になるという考慮もあり、一八八〇年代半ばくらいまでは、日朝が相互の近代化を達成し相互の独立を保持するために協力すべきだと考える勢力が、日朝を横断して存在した。しかし、朝鮮においては、そうした勢力が政治的に主導権を握ることができず、日本においても日朝協力よりも朝鮮を日本が支配する方に尽力すべきだという勢力が主導権を握るようになった。

㈡支配と被支配（一八九〇年代～一九四五年）：「抗日」ナショナリズムと「用日」ナショナリズムの分岐

一八八〇年代後半に入ると、日朝協力は断念され、朝鮮をめぐる日本、中国（清）、ロシアの対立が激化することになり、日本と朝鮮との関係は支配・被支配関係へと変容する。まず、朝鮮をめぐる日本と清国との対立がエスカレートし、朝鮮国内における内乱などの政治的混乱に乗じて、両国が朝鮮に出兵することにより日清戦争が開戦された。その結果、日本の勝利で戦争が終結し、清国に対する日本の優位が確保された。その後、今度は朝鮮をめぐる日露の対立が激化し、それが一因となって日露戦争が開戦し、その結果、ロシアに対する日本の優位が確保されるとともに、米国を始めとした諸列強も日本の優位を承認することにより、日本は朝鮮を保護国化することを通して、ついに一九一〇年「韓国併合」によって植民地支配に帰結した。

以上のように、朝鮮は、日本を警戒しながらも日本を利用するというナショナリズムに基づいて、共通課題に対応するために、競争しながら協力するという対日外交を模索した。しかし、結果として、日朝の協力は十分な成果を上げないまま、日本は朝鮮を「諦め」、そして「見捨て」、朝鮮は日本に侵略されるという帰結を迎えたのである。

一九一〇年から四五年までの間、朝鮮は日本の支配下に置かれた。もちろん、それに対する抵抗がなかったわけではない。一九〇〇年代に入ると、愛国啓蒙運動、義兵闘争など、さまざまな手段を動員することで、日本の支配に抵抗する抗日運動が展開された。しかし、一旦植民地支配が成立すると、支配下に置かれた朝鮮のナショナリズムは以下のように分岐する。

一方で、あくまで支配に抵抗して支配を認めないという「抗日」ナショナリズムである。それが朝鮮内部において頂点に達したのは、一九一九年の三・一独立運動であった。米国ウィルソン大統領が主張した民族自決主義などに力を得て、朝鮮民族による独立国家の回復を指向したものであった。この運動は結局、朝鮮総督府と朝鮮軍によって弾圧された。そこで、当時の独立運動家たちによって構成された大韓民国臨時政府という亡命政権が中国上海に設立された。これ以降、基本的に抗日民族独立運動は朝鮮内部でではなく外部で展開されることになる。それだけ官憲による監視、取り締まりが厳しくなったからである。海外においては、中国において、さらに遠く米国などにおいて、さまざまな形態で抗日民族独立運動が展開されることになる。

中国は国民党と共産党とに分かれて抗日戦争を展開したわけだが、朝鮮人勢力も、それぞれ国民党と行動を共にした右派勢力、共産党と行動を共にした左派勢力に分かれて抗日戦争を戦うことになる。また、米国などにおいては、主として政界や宗教界におけるロビー活動を通して韓国の独立を認めさせる活動を展開した。

それに対して、一旦、日本の支配を受け入れたうえで、それを利用することで中長期的な視野で独立を指向するという「用日」ナショナリズムも存在した。こうした指向は「親日」として批判されたが、民族の独立を放棄していないという意味ではナショナリズムと言えるだろう。

このように、日本の植民地支配に対して、支配の拒否に基づく抵抗と、支配の受容に基づく「自強」の模索という、対応の違いは存在したが、朝鮮の対日ナショナリズムが展開されることになる。その後、「抗日」ナショナリズムを担う政治勢力が自らの力で独立を達成することができたのであれば、そうした政治勢力が独立後の国家の担い手になるということでそれほど複雑にはならなかった。しかし、現実は、自らの力で独立を達成したわけではなく、連合国の勝利と日本の無条件降伏によって与えられた植民地支配からの解放であったため、一つのナショナリズムの下で一つの国家が成立するということにはならなかった。米ソの分割占領の下、ソ連占領下の北部朝鮮では左派の「抗日」ナショナリズムを担った政治勢力がソ連の庇護をうけて権力を掌握した。米国占領下の南部朝鮮では左派の「抗日」ナショナリズムが弾圧された結果、右派の「抗日」ナショナリズムと「用日」ナショナリズムとの連合勢力が権力を掌握していった。その結果、北朝鮮（朝鮮民主主義人民共和国）と韓国（大韓民国）という二つの分断国家が形成された。

㈢没交渉下における反日（一九四五年～六〇年）：「抗日」ナショナリズムの正統性をめぐる韓国・北朝鮮の対立と競争

韓国、北朝鮮ともに、日本の植民地支配から解放されたわけだが、その結果、国交はなくなり法的には未修交状況になった。但し、約三五年の植民地支配によって日本を中心とする経済的な分業体制に組み込まれていたし、何よりも、終戦時、朝鮮には約七五万の日本人が、日本には約二〇〇万人の朝鮮人が居住しており、ほとんどの日本人は日本に帰還、多くの朝鮮人は朝鮮に帰還するなど、人の移動が激しかった。さらに、相当程度の朝鮮人は日本に残留するという選択をする、もしくはせざるを得ない状況で、未修交にもかかわらず、そうした人的移動の問題やそれに伴って生じる諸問題にも、国交正常化交渉の一環として取り組む必要があった。

さらに、この時期、日本の植民地支配からの脱植民地化を韓国、北朝鮮ともに課題として設定した。政治的独立を達成する国家建設に加えて、日本の植民地支配に伴う文化的な影響や経済的支配から脱却することも要請された。しかし、植民地支配との連続性を即座に全否定することも困難であり、場合によっては、植民地支配の遺制を、脱植民地化の国家建設過程でも積極的に利用することもあった。

特に韓国においては、その支配エリートが日本の植民地時代にも植民地支配と協力することによって優越的な地位を占めていたのではないかという批判に起因して、「親日派問題」が提起されることになった。日本の植民地支配下において、日本と協力することによって権力や富を築いた人々は「民族の反逆者」であり、彼らに独立後の国家建設を任せることはできず、相応の処罰を与えるべきであるという主張である。北朝鮮は、一見「抗日」が徹底されているように思われるが、日本の植民地支配からきれいに断絶していたわけではなく、連続が濃厚だと思われる部分も存在する。その後の北朝鮮の政治体制には、天皇制支配と類似した個人崇拝が利用されるなど、植民地期の帝国日本による支配体制と共通すると思われる部分が存在するからである。

そして、親日派問題が先鋭化されたがゆえに、韓国国内においては、誰もが「親日派」というレッテルを貼られることを忌避するために、過去の行動はともかく少なくとも現在ではそうではないことを強調するという意味で、殊更に反日であることが強調される傾向にあった。換言すれば、対立する諸政治勢力は反日の強度をめぐって競争するという状況が現れることになる。さらに、この時期は、未修交であり没交渉であるために、韓国や北朝鮮にとっての日本とは、戦前戦中の「軍国主義日本」であり、それが戦後、平和憲法の下で劇的に変わったことは、ほとんど認識されていない状況であった。それも「抗日」ナショナリズムに拍車をかけた。

㈣韓国の「用日」ナショナリズムと北朝鮮の「抗日」ナショナリズム（一九六〇年代～八〇年代）

こうした韓国の「抗日」ナショナリズムに変化が見られるようになったのは、一九六〇年代に入り、韓国において四・一九学生革命によって李承晩政権が退陣、五・一六軍事クーデタにより朴正熙政権が登場したからである。韓国にとって、南北体制競争における劣勢、米国による対韓援助の再検討という条件の下で、日本との国交正常化を通して日本からの経済協力を獲得することの必要性は日に日に高まっていた。しかし、そのためには韓国国内で正統性を獲得していた「抗日」ナショナリズムを克服するための政治的決断が必要であった。

一九六〇年代前半当時、植民地支配に対してそれほど罪責感を持っていなかった日本社会の認識と、韓国よりも優位な力を日本が持つという日韓の力関係を与件とすると、韓国社会が満足する形で、植民地支配に対する日本の対応、具体的には謝罪や補償を引き出すことは非常に困難であった。そもそも、日韓両政府は、そうした解法を絶対に必要な条件だとは考えていなかった。当初から、請求権問題と経済協力とを組み合わせた解法を念頭に置いていたとも言われる。もしそうであるとすると、なぜ、国交正常化交渉の妥結まで一五年という長い年月がかかったのかという疑問も提起されるのだが、ともかく、当時の与件を前提として考えられた解法に関して、韓国社会だけが抵抗していたわけで、その抵抗を宥める必要があった。

そのために、朴正熙政権が国民に訴えたのは、「抗日」ナショナリズムを「用日」ナショナリズムに転換することであった。「用日」ナショナリズムは、南北体制競争において不利な状況に置かれた韓国が、日本の経済協力を獲得することによって経済発展を達成し、そうした経済実績を武器にして南北体制競争における劣勢の挽回を図るべきことを含意した。こうした主張は、その将来の実績見込みが不透明であっただけでなく、朴正熙政権自体が軍事クーデタという非合法な手段によって成立したこともあり、国民の全幅の支持を獲得したとは言い難かった。にもかかわらず、そうした劣勢を挽回するための、現実的な他の手段が閉ざされている中で、国民も「用日」ナショナリズムの可能性に期待せざるを得なかった。

朴正熙政権の一八年は「用日」ナショナリズムで一貫していた。しかし、これを「親日」と同一視することはできない。とかく、日韓双方において朴正熙は「親日派」であったと評価される傾向にある。朴正熙は、植民地期において日本式の教育を受けただけでなく、満州軍官学校や日本の陸軍士官学校で日本式の軍人教育を受けたことは確かであり、日本をある種のモデルとみなしていた。しかし、朴正熙が指向したのは、韓国を日本のような「強国」にすることであり、日本に「忠実な」国家にすることでは決してなかった。朴正熙の行動様式の背後には、祖国である韓国をいかに「強国」にするのかという強烈なナショナリズムがあり、そのためには、ある特定のイデオロギーに固執するということはなかった。朴正熙自身が解放直後、長兄の影響を受けて左翼に一時期傾倒したのも、当時はそれがナショナリズムと合致したと考えていたからではないか。また、一九七〇年代、中国をめぐる国際関係が大きく変化する中で、韓国は対共産圏外交を積極化していくことになる。これも、国益のためであれば敵とも手を握ることを辞さなかった朴正熙の「容共・用共」という外交姿勢を反映したものであった。

このように、朴正熙の「用日」ナショナリズムは、韓国を強国にするために日本をモデルとして、もしくは韓国が利用し得る資源の提供者として、さまざまな形で徹底的に利用しようとするものであった。したがって、日本が韓国にとって役に立たない、もしくは、日本が韓国を助けようとはしない場合には、日本を徹底的に批判した。特に、一九七〇年代に入って、こうした姿勢は顕著になった。七〇年代は一方で中国や北朝鮮への対応をめぐる日韓間の緊張が高まった時期ではあるが、他方で、米国の関与の不透明化など情勢の流動化への対応をめぐって日韓の協力の必要性が高まる時期でもあり、日韓関係には非常に複雑な政治力学が働くことになった。韓国から見ると、一方で、米国の関与が不透明になる状況で、日本との協力の重要性はより一層高まる。しかし、他方で、日本は北朝鮮との関係改善を模索して「二股外交」を指向しているようで、日本の対韓支援の本気度に疑いを持つ。さらに、日本の国内世論は、どちらかと言うと北朝鮮に同情的であり、韓国は独裁国家で人権が弾圧されているとして、対韓支援に批判的である。そうした日本の政府および社会の姿勢に不満や批判を持っていた。それが、七三年の金大中拉致事件や翌七四年の朴正熙大統領狙撃事件への日本の対応をめぐって、その不満や批判が一挙に爆発する場面もあった。

北朝鮮にとって、一方で、その「抗日」ナショナリズムと韓国の「抗日」ナショナリズムとは競争関係にあった。どちらの「抗日」が本物であり強いものであるのかを競い合う関係にあった。特に、金日成自らが抗日ゲリラ「戦争」を戦ったのに対して、韓国の政治指導者たちには、そうした経験がないことを見越して、自らの体制の方に「抗日」という点で正統性があることを強調した。他方で、北朝鮮にとって、韓国の「抗日」ナショナリズムは日韓関係に楔を打ち込むために利用価値の高いものでもあった。韓国の「抗日」ナショナリズムに起因して日韓間の緊張が高まり日韓協力が円滑に進まないことは、北朝鮮にとって有利なことであると認識されたからである。さらに、場合によっては、日韓関係の改善よりも日朝関係の改善が先行する可能性も視野に収めた。一九五〇年代末から、在日朝鮮人の北朝鮮帰還を積極的に進めたのは、そうした現れであった。

在日朝鮮人の北朝鮮への帰還事業が実現するようになった背景には、日本、北朝鮮、それぞれのさまざまな思惑による複合的な作用が存在する。基本的に、置かれた生活苦の中で、「祖国」である北朝鮮に「帰国」し国家再建に貢献したいという在日朝鮮人自身による「下からのナショナリズム」が存在した。その意味で、この事業は在日朝鮮人の「帰国運動」が基本であった。しかし、それをめぐって、生活保護世帯が多く、また国内の左翼運動の担い手でもあり、国内治安上、問題視された在日朝鮮人を帰国させることは、日本政府にとって、たとえ、それに起因して韓国との関係が悪化したとしても、在日朝鮮人本人の意向に沿っているという名分も立ち、それほど悪いことではないと考えられた。北朝鮮も、国家建設のために貢献してもらうという名分も立つし、また、これを通して日朝関係を改善することができるのではないかという期待を持っていた。特に、日韓国交正常化交渉が遅滞していた状況であったために、日韓関係に楔を打ち込むという意味もあった。言い換えれば、北朝鮮としては、在日朝鮮人の「下からのナショナリズム」を「用日」ナショナリズムと連携させようという試みであった。

しかし、一九六〇年代に入って日韓国交正常化の機運が高まると、北朝鮮は日韓国交正常化を阻止することができず、韓国が日本との経済協力を通して経済発展を達成することを座視せざるを得なかった。北朝鮮にとって「用日」ナショナリズムは、その萌芽はあったものの、それを具体的に発動することができなかったのである。

一九七〇年代に入ると、中国をめぐる東アジア国際政治の変容もあり、日本の対北朝鮮政策にも変化が見られるようになった。日本としては日中国交正常化の次に残された課題として日朝国交正常化の可能性を模索するようになる。(1) そして、その前段階として、それまで許容していなかった北朝鮮との経済交流を一定範囲の中で認めるようになった。東アジアにおける冷戦の変容への対応を模索したものであった。北朝鮮はそれに便乗して、日本との関係改善と経済協力の可能性を模索するようになる。そのためには、日韓条約を破棄しなくても日朝国交正常化は可能であるという、北朝鮮が反対する「二つのコリア」政策を日本との間には厳格に適用しないことなどで妥協を図ろうとした。しかし、そうした動きに対して韓国政府が敏感に反応し、日朝関係を改善しないように圧力をかけた。さらに、日本政府としても、日韓関係を極度に悪化させてまでも日朝関係の改善に踏み込むという決断はできなかった。結果として、北朝鮮にとっての「用日」ナショナリズムの発動はまたしても実現しなかったのである。

こうした韓国の「用日」ナショナリズムと北朝鮮の「抗日」ナショナリズムという対照が冷戦期に続くことになる。韓国は自ら「用日」ナショナリズムを実践しながらも、北朝鮮の「用日」ナショナリズムの可能性を遮断した。日本自身の選択ということもあるが、韓国は、「用日」ナショナリズムを事実上独占してきたことになる。韓国が「用日」ナショナリズムを有効に利用したことと、北朝鮮にそれができなかったという対照が、南北体制競争における韓国の優位という帰結にどの程度の影響を及ぼしたのかに関しては種々の議論がある。何よりも、韓国政府の選択が重要であったことは言うまでもない。韓国の経済発展における日本の役割を過大評価する必要はないが、南北体制競争の結果を見ると、こうした対照的な選択が少なからぬ影響を及ぼしたと言えるだろう。

㈤「競日」と「用日」の狭間に立つ韓国、没交渉で「用日」不可の北朝鮮（一九九〇年代〜）

韓国が南北体制競争に勝利し冷戦が終焉することによって、その一因となった韓国の発展に起因して、韓国自身の「用日」ナショナリズムにも重大な変化がもたらされる。第一に、南北体制競争における韓国の勝利がほぼ確定することによって、日韓双方にとって協力の成果が達成されたことを指摘することができる。したがって、双方の協力にとって、これ以上の原動力が提供され難いことになる。さらに、日韓協力の成果を評価すること自体に対する反発が提起されることになる。第二に、非対称的で相互補完的な分業関係であった日韓関係が、韓国の発展とともに、対称的で相互競争的な関係へと、経済的のみならず政治的にも大きく変容してきたことである。その結果、日韓双方とも、相互競争意識が増大することになる。

確かに、日韓双方にとって、対米同盟関係を共有し、北朝鮮の核ミサイル問題という共通課題に対応しなければならないこともあり、相互の重要性は高まっている。そうした意味で、韓国にとっての「用日」、日本にとっての「用韓」という側面が低下しているわけではない。にもかかわらず、日韓にとって、特に韓国にとって、日韓関係における競争という側面は以前にも増して注目されることになる。韓国の対日ナショナリズムは「用日」ナショナリズムという側面だけではなく、日本を競争相手とみなすという意味での「競日」ナショナリズムという新たな側面が浮上する。そして、この「競日」ナショナリズムは、以前から底流に存在した「抗日」ナショナリズムの延長線上に位置づけられる。日本を拒否する、日本の影響力を排除するという「抗日」ナショナリズムが、競争において日本に勝利するという方向に再設定されたからである。このように、韓国の対日ナショナリズムは、日韓関係の水平化に伴って、「用日」ナショナリズムと「競日」ナショナリズムとの狭間で揺れ動くことになる。ところが、日本から見ると、韓国の「競日」ナショナリズムは、韓国の「抗日」ナショナリズムが不変であることの証左だと映ることになる。

一九九〇年代以降、日韓関係は実に大きな変容を経験した。第一に、日韓の力関係が水平化したことである。この点については前述したとおりである。第二に、市場経済と民主主義という体制価値観に関する日韓の共有度が高まったという点である。この結果、一方で日韓の経済摩擦は相対的に低下したことは確かである。依然として、経済摩擦に歴史問題が影響を及ぼすことはあるが、経済の問題は経済領域で解決されるべきだという認識の共有は飛躍的に進んだ。他方で、民主主義観をめぐって日韓の間には乖離が存在する。「適法手続き」を軸とした「手続き的民主主義」を重視する日本に対して、韓国では結果として正義という価値が実現される「実質的民主主義」が重視される。こうした乖離が、歴史問題をめぐる日韓の対立にも反映される。日本からすると一旦解決したはずの問題を韓国が「蒸し返す」ように映るのに対して、韓国から見ると正義という価値が実現しないままの「解決」は未解決ということであり、それは正義が実現する形で解決されなければならないと考える。

第三に、日韓間におけるモノや情報などの交流が絶対量として増大したことはもちろんであるが、それまでの韓国の「入超」、日本の「出超」から次第に均衡のとれた対称的な形になっただけでなく、それに伴って、相互認識に関しても、それまでの韓国の対日関心が日本の対韓関心よりも圧倒的に高いという状況から、相互の関心の相対的比重が均衡化するようになったことである。したがって、それまでであれば、韓国で起こった事象に関して日本ではそれほど関心を傾けなかったのに対して、今やそれに関心を傾けざるを得ず、敏感に反応せざるを得なくなったということである。しかし、これは韓国から見ると、以前の「寛大な日本」が寛大でなくなり対韓強硬路線に転換したと映るのである。

こうした日韓関係の構造変化によって、韓国における「用日」ナショナリズムと「抗日」ナショナリズムの間の動揺が「競日」ナショナリズムに回収される帰結をもたらす。そして、それを「抗日」ナショナリズムは不変であるだけでなく、より一層強化されると日本社会が受けとめることによって、日韓間の摩擦が解消されないどころか、場合によってはエスカレートする背景が存在する。

北朝鮮にとっては、冷戦の終焉は、日本の対北朝鮮政策の変化を促し、「用日」ナショナリズムを従来以上に可視化させる。一九九〇年の朝鮮労働党と日本の自由民主党、日本社会党との三党共同宣言を契機に日朝国交正常化交渉が開始された。北朝鮮にとっては、日朝国交正常化は、北朝鮮の外交関係の拡大のみならず、日本との経済協力を獲得する重要な機会になると考えた。九〇年代は、第一次核危機や拉致疑惑などに起因して順調に交渉が進展したとは言い難いが、二〇〇〇年の第一次南北首脳会談に続いた二〇〇二年九月の小泉首相第一次訪朝に伴う日朝平壌宣言において、こうした北朝鮮の「用日」ナショナリズムの意図が明確に現れた。北朝鮮の金正日国防委員長自身は小泉首相との会談で、それまで否認してきた日本人拉致の事実を認め、その代わり日朝国交正常化交渉の再開を求めたのである。

しかも、日朝平壌宣言の第二項では、

（前略）日本側が朝鮮民主主義人民共和国側に対して、国交正常化の後、双方が適切と考える期間にわたり、無償資金協力、低金利の長期借款供与及び国際機関を通じた人道主義的支援等の経済協力を実施し、また、民間経済活動を支援する見地から国際協力銀行等による融資、信用供与等が実施されることが、この宣言の精神に合致するとの基本認識の下、国交正常化交渉において、経済協力の具体的な規模と内容を誠実に協議することとした。双方は、国交正常化を実現するにあたっては、一九四五年八月一五日以前に生じた事由に基づく両国及びその国民のすべての財産及び請求権を相互に放棄するとの基本原則に従い、国交正常化交渉においてこれを具体的に協議することとした。（後略）

という内容がある。これは、経済協力によって請求権問題を解決するという、一九六五年の日韓国交正常化で採用された経済協力方式を、日本と北朝鮮との間でも踏襲することを明示したものであった。

北朝鮮は、日韓国交正常化時の経済協力方式が植民地支配の清算としては不十分なものであるとして韓国を痛烈に批判してきただけに、既存路線の転換を意味するものとして注目された。このことは北朝鮮としては、それまで「抗日」ナショナリズムにおいて韓国よりも優位であるというタテマエを放棄してでも、日本の経済協力を利用して経済を発展させるという、過去韓国が採用した「用日」ナショナリズムを「模倣」することを意味した。しかし、北朝鮮が日本人拉致の事実を認めたことによる衝撃は大きかった。日本社会では、この事実に起因して対北朝鮮強硬論が盛り上がり、日朝国交正常化交渉に拍車がかかるどころか、むしろ、交渉にはブレーキがかかった。北朝鮮としては「用日」ナショナリズムに第一歩を踏み出したにもかかわらず、それは日本に拒否されることにより、利用困難になってしまったのである。

日本のナショナリズムと朝鮮半島

日本ナショナリズムの中で朝鮮半島がどのように位置づけられてきたのかを検討することで、その両者の関連を明らかにする。

日本ナショナリズムは、朝鮮ナショナリズムのような明確な持続性を持つわけではなく、かなり起伏が激しい。戦前日本は、「大日本帝国」という国名にも表していたように、帝国ナショナリズムを指向した。帝国ナショナリズムとは、多民族を包摂するものであるわけだが、日本の場合は、日本ナショナリズムと帝国ナショナリズムとの間に矛盾や乖離があった。帝国を指向し侵略戦争に向かったわけだが、それは、被支配勢力からの抵抗を帰結させ、帝国の維持それ自体が困難になったのである。その結果、敗戦を迎え、占領されて、その結果、帝国であることを放棄し、戦後には国民国家としてのナショナリズムに復帰することになった。

戦前日本はナショナリズムが帝国主義と結合した帝国ナショナリズムによって侵略戦争に向

かってしまったという反省に基づき、戦後日本はナショナリズムに訴えることを自制した。とは言え、ナショナリズムは国民に訴える有効な政治手段であることは間違いがない。保守と革新とによって構成される戦後日本の政治であったが、革新は少なくともナショナリズムを前面に出すことを忌避した。保守はナショナリズムを打ち出したが、いずれにしても、国民、国家に閉じたものであり拡張志向ではなかった。戦後日本の保守ナショナリズムは、歴史認識と安全保障政策をめぐって、革新勢力との差別化をはかることになる。歴史認識に関しては、戦前日本の帝国主義的侵略戦争を全面的に肯定する極端な主張も中には存在したが、その多くは全面的に否定することは「自虐」であるとして退けようとする程度のものであった。戦前日本を全面的に否定するのではなく、取捨選択をして、できるだけ肯定的な部分を見いだそうとするものであった。

但し、そうした歴史認識の中で朝鮮の位置づけに関してはそれほど明確ではなかった。二〇一五年八月一四日に発表された戦後七〇年の「内閣総理大臣談話」（通称「安倍談話」）で示された歴史認識にも現れたように、あくまで、日本が反省するべき「侵略」戦争とは、一九三〇年代以降の中国に対する戦争を意味しており、それ以後の歴史は反省する必要があるが、それ以前の朝鮮半島に対する植民地支配に対しては、植民地支配という一般論としては否定的に評価するものの、朝鮮植民地支配に対して日本の侵略であると明示的には位置づけているわけではない。その意味で、日本の侵略戦争という範疇には、日本の朝鮮植民地支配が明確に含まれているわけではなく、それに対する反省という場合にも、朝鮮を植民地として支配したことを侵略戦争の一環として反省するという姿勢が含まれているわけではない。

これは日本の地政学的な意味での安全保障観にもつながる。「日本は、自国の安全保障にとって死活的に重要な朝鮮半島が敵対勢力の影響下に置かれることを回避するために、やむを得ず朝鮮半島を自らの排他的な影響下に置いた」という、一九五三年の日韓国交正常化交渉における第三次日韓会談で日本側首席代表である久保田貫一郎（外務省参与）による「久保田発言」と同様な認識は相当程度、日本の保守派には共有されていたのである。

こうした点を考慮すると、朝鮮ナショナリズムにおける日本と日本ナショナリズムにおける朝鮮半島というのは顕著な非対称性が見られた。朝鮮ナショナリズムにおける日本は相対的に大きな比重を占める存在ではあったが、日本は敵対勢力であるか、そうでなければ利用するべき手段であり必要な資源の提供者ということになる。言い換えれば、日本との関係によって獲得するべきものが重要だということになる。それと比較すると、日本ナショナリズムにおける朝鮮が占める比重はそれほど大きなものではなかったが、と言って小さいわけでもなかった。敵対勢力である北朝鮮に対抗するためにも、韓国は日本の安全保障にとって死活的に重要な存在であり、その存在自体が重要であった。韓国は日本から経済発展のために必要な資源を獲得するために、日本との関係に気を使ったが、日本は韓国が北朝鮮と対抗して持ちこたえてくれればよかったわけであり、日韓関係の良し悪しにはそれほど気を使う必要はなかった。韓国との関係が悪化することによって韓国が相手陣営に鞍替えをするということなど考えられなかったからである。このように、双方にとっての比重が非対称的であったことに加えて、双方にとっての安全保障上の位置づけが非対称的であった。したがって、双方のナショナリズムが対称的な関係を構築することは困難であった。

ところが、日韓関係の水平化などに伴い、双方の非対称性は次第に縮小していく可能性がある。双方にとっての比重は次第に均衡化しつつある。韓国における日本の比重は依然として高いが、中国の比重の高まりに応じて相対的には低下する。それに対して日本における韓国の比重は低下しているどころか、北朝鮮の核ミサイル開発や中国の大国化への対応のために、対米同盟を共有する韓国との関係をどのように利用するのかという問題意識の高まりに応じて、その比重は高まっている。日本にとっては、「反共の防波堤」としての韓国の存在だけでなく、良好な日韓関係を利用して日本外交の選択の幅を広げることがより一層重要になる。存在だけではなく、どのような関係を構築するのかという点においても重要性が増していると考えられる。韓国にとっても、北朝鮮問題や中国との関係への対応という観点で、日本との良好な関係を維持することによって日本の協力を獲得するということだけではなく、日本が韓国の背後に存在すること、それ自体の重要性が高まる。このように、安全保障における相互の位置づけにおいても非対称性は解消されつつある。

にもかかわらず、そうした東アジアのパワーシフトへの対応や、それに応じた安全保障関係における変化に応じた、適切な相互認識が日韓に共有されているとは言い難い。一方で新たな状況への過剰な反応が見られる。日本からすると、今まで韓国に譲歩してきたにもかかわらず、より一層の譲歩を迫られることになっているので、これ以上の譲歩は絶対に許容できないという主張が見られる。それに対して、韓国でも、今までは日本の力を利用しなければならなかったために、日本に対する主張も自制してきたが、日本の力を利用する必要がなくなった今こそ、今まで自制してきた対日要求を堂々と主張するべきだということになる。しかし、本当に日本は韓国に譲歩し続けてきたと言えるのか。また、それを韓国に理解してもらえたと言えるのか。逆に、韓国にとって、それほど日本は利用する必要がない存在なのか。こうした点を日韓双方とも、もっと自省的に考える必要がある。

他方で、新たな状況が出現しているにもかかわらず、それを理解するべき認識枠組みは従来通りの「古い」ものであるという場合も見られる。日本における「韓国は以前から反日的であったが、それは不変である。したがって、日本が何をしたところで変わりようがない。したがって、何をしたところで無駄なのだから、配慮する必要はない」というような見方は、ちょうど、一九世紀末に、朝鮮の期待にもかかわらず朝鮮の近代化や、そのための日本の協力を「諦めた」日本の先達たちの対韓認識を彷彿させるようなものである。しかし、果たして、韓国はそんなに変わっていないのか、そして、それほど頼りにならないのか。むしろ、韓国の新たな対応を引き出すために必要な自らの変化を日本が自ら拒否しているだけではないのか。日本が新たな対応をせずに、韓国だけに新たな対応を迫り、それが期待できないとなるとすぐに「諦めている」だけではないのか。

同様に、韓国では「日本は何をしたところで歴史を反省しない民族であり、だからこそ侵略された歴史を持つ自分たちは日本を信用することなどできない」という見方が根強い。しかし、本当に日本人は「歴史を反省していない」のだろうか。「日本人の反省は自分たちの基準に照らすと不十分でありとても受け入れられないものであるから受け入れられない」だけではないのか。むしろ、そうした姿勢が、歴史に向き合おうとする日本社会の姿勢を萎えさせてしまっている、反感をむしろ買ってしまっているということではないのか。韓国社会も、そうした点を自省する必要があるのではないか。

日韓のナショナリズムの摩擦は、歴史問題、安保問題、経済問題で生じてきた。日韓が非対称的で相互補完的な関係であった時、言い換えれば、韓国にとって経済発展のために日本の力を借りる、つまり「用日」ナショナリズムが優先していた時には、歴史摩擦や安保摩擦は経済摩擦に還元され、経済協力によって解消されてきた。しかし、日韓が対称的で相互競争的な関係へと変容すると、言い換えれば、韓国にとって経済発展のために日本の協力を仰ぐ必要はなくなり、むしろ日本との競争関係に入ると、経済摩擦は経済の論理で解消されることにはなるが、歴史摩擦や安保摩擦を経済摩擦に変換することは困難になり、それ自体が日韓関係に横たわることになる。さらに、この二つの摩擦は相互に連携するようになる。韓国にとっては、歴史上自ら侵略したにもかかわらず、そうした歴史を反省しようとはしない日本と安全保障における協力関係を構築することに対する拒否反応が強い。二〇一六年一一月韓国政治の混乱の真っ只中、二〇一二年に一旦挫折した日韓軍事情報包括保護協定（GSOMIA）が締結されたことに対する批判が、二〇一五年末の慰安婦問題に関する日韓政府間合意への批判と共に提起されたことは、歴史摩擦と安保摩擦が連携する可能性を示唆する。場合によっては、そうした摩擦が経済摩擦にも連携しないとも限らない。

こうした摩擦の連鎖と相互増幅を防ぐためにも、東アジアのパワーシフトの中で、そして、その一環である日韓の対称的な相互競争の中で、日韓双方が新たな状況に過敏に対応せず、だからと言って鈍感に過ぎもせず、適切に対応する知恵を相互に身につけていくことが必要になっている。

統一韓国の対日ナショナリズム

南北分断体制が継続しており、北朝鮮は自体制の生存のために核ミサイル開発に邁進しており、具体的に統一の可能性が開かれているわけではない。にもかかわらず、北朝鮮の現体制が持続可能であるとは考えにくく、いつかは韓国主導の統一が達成されると考えるのが、現実的かつ合理的である。そうした韓国主導の統一が、平和的に達成されるのか、それとも、かなり暴力的なものになるのか、統一過程の様相によっても、その帰結が異なる。

一方で、北朝鮮という厄介な存在がいなくなることによって、日本の安全保障にとってプラスになることは間違いない。日本にとって、たとえ迎撃システムが整備されたとしても、北朝鮮の核の脅威は現実のものであり、それがとりあえずなくなることは日本の安全保障にとっては望ましいからである。但し、日本の安全保障は中国の大国化とともに、北朝鮮の核ミサイルの脅威への対応として整備されてきたものだけに、そうした脅威がなくなることは、本来であれば、それ以前の「通常」に戻るべきものであるのだが、一旦増強された装備やシステムを元に戻すのは難しい。

他方で、統一韓国が、そのパワーの増大を背景にして、「抗日」ナショナリズムをより一層強化する可能性もある。そうすると日本にとってはより一層厄介な存在が、しかも強力になって登場することを意味する。場合によっては分断したままの方がよかったと考えるようになるかもしれない。そうしたことを見通すと、日本が統一に積極的に協力する必要はなく、分断という現状維持の方がよいのだという見方もあるかもしれない。どのような統一のプロセスを踏んだのか、特に、その過程に日本がどのように関わるのか、関わらないのかにもよる。いずれにしても、統一韓国のナショナリズムがどのようなものになり、そこに対日ナショナリズムがどのように位置づけられるのかという問題を考えてみることは必要である。

統一韓国が反日ナショナリズムの国にならないという保証はない。ただ、予め決まっているということでも決してない。むしろ、そうなるリスクがあるとすると、どのように管理するのかという問題に取り組むことが重要である。「中堅国」ナショナリズムが憂慮するように、統一過程で韓国の国力が消耗させられる可能性はあるが、中長期的にみれば、統一韓国の国力は現在の分断韓国に比べれば大きくなることが予想される。そして、現在日韓の間に存在する歴史問題や領土問題などの対立争点がそのまま未解決であるならば、そうした争点をめぐる統一韓国の対日圧力がより一層増すことも予想される。ただ、逆に、もう少し成熟した対応を選択することも期待される。現状では前者の可能性が高いように思うが、後者の可能性も排除できない。どちらになるにしても、それにどのように対応するのかという問題を予め考えておく必要がある。

韓国の国力が増大する形で現在の日韓関係がそのまま維持されるという場合について考えてみよう。韓国のナショナリズムが多様な側面を持っており、それが反日ナショナリズムに還元されるものではないことを強調してきたが、韓国の国力増大が「用日」ナショナリズムを低下させ「競日」ナショナリズムをより一層増大させることだけは覚悟しておくべきだろう。近似的で隣接する国家間の関係が競争的になるのは、国際関係における宿命のようなものであり、それを回避する必要はない。問題は、競争規則に関する合意を日韓の間に設定しておく必要があるということである。

残念ながら、現在の日韓関係は、そうした競争規則と歴史とが分かち難く関連づけられるため、日韓の間で異なる競争規則が援用されがちである。慰安婦問題などの歴史問題で、一九六五年の日韓基本条約や日韓請求権協定で「完全かつ最終的に解決」されたのだから少なくとも法的には再論するべきではないと主張する日本に対して、韓国はそうした解決は正義にかなうものではないのだから、今こそ再論するべきだと主張する。そもそも、競争規則が異なるのである。

したがって、統一過程において、歴史問題を管理することによって競争規則の共有化を図っておくことは必要である。たとえ韓国が北朝鮮を吸収統一したとしても、日韓国交正常化が一九六五年に成立しているので、それが統一韓国と日本との間のあらゆる問題もカバーすることになり後続措置は必要ないということにはならない。もう一度、統一韓国と日本は、植民地支配に起因する諸問題にどのように取り組むのかという課題を担わなければならない。その際に、一九六五年の日韓国交正常化の方式に必ずしも執着する必要はない。その後の五〇年以上の条件変化と蓄積した成果を踏まえたうえで、一九六五年の方式をさらに発展させることを考えるべきではないか。そして、それを新たな競争規則にすることが必要ではないか。そうでないと、共通の競争規則が不確かな状況下において無限競争が展開されることになってしまい、日韓双方の消耗戦だけが展開されかねない。これは、日韓双方にとって不幸なことだろう。

もう一つの可能性は、統一過程に日本が積極的に関与し貢献する場合である。韓国では依然として統一や民族内部の問題に関する「外勢」の影響力を排除するべきだという思考が根強い。植民地化されたことや分断されたのは、「外勢」によるものであるという認識が強く、それを排除することが統一を達成するためには必要だというタテマエの議論が強いためである。しかし、統一費用を韓国単独で負担することは容易ではなく、そこに「外勢」の関与が必要であるという現実的な認識も相当程度共有されている。

一方で、統一ナショナリズムを実現するためには「用日」ナショナリズムが必要だというホンネの議論があるが、他方で、統一ナショナリズムは「抗日」ナショナリズムの完成形であり、そのためには「用日」ナショナリズムを排除するべきだというタテマエの議論もある。しかし、実際は、もう少し複雑である。統一ナショナリズムを実現するために「用日」ナショナリズムの必要性が量的に減っていくということではなく、むしろ「用日」ナショナリズムの質が変わっていくという側面があるからである。確かに、韓国の経済発展にとって日本の協力に依存するという側面はほとんどなくなりつつある。しかし、韓国主導の統一を進めるために、日本の外交的協力が、場合によっては米中のそれよりも重要になるのかもしれない。韓国ナショナリズムは、そうした意味での新たな「用日」ナショナリズムの可能性を考えてみるべきではないか。

日本も韓国の統一費用の負担を軽減する形で協調的に関与することによって、歴史に起因する日韓の対立感情をある程度緩和することができるのではないか。このように、統一韓国のナショナリズムに日本が積極的に働きかけることによって、韓国の「抗日」ナショナリズムを減じるとともに、「用日」ナショナリズムの必要性と有効性を強く印象づけることで、「競日」ナショナリズムにおける競争規則の共有をより確かなものにすることが可能となるはずだ。

第八章　朝鮮半島の統一とナショナリズム

ナショナリズムと統一との狭間で

朝鮮ナショナリズムの中には、依然として、朝鮮は統一国家を持つべきであるという規範、言い換えれば統一ナショナリズムは相当の部分を占めていると言っても過言ではない。しかし、分断七〇年を迎えようとする中で、分断ナショナリズムのさまざまな形での台頭も見られる。その意味で、朝鮮ナショナリズムが統一ナショナリズムに包摂されるわけでは必ずしもなくなってきている。韓国の「中堅国」ナショナリズムや北朝鮮の「統一回避」ナショナリズムなどは、その代表的な事例である。統一という現状変更を達成することよりも、韓国、北朝鮮の現状を維持することの方が優先される。それは、時間の経過と共に現状が固着化されることで、維持するべき現状が大きくなるからである。韓国、北朝鮮双方とも、それをナショナリズムとの間で調和させようとすることでナショナリズムの外延が拡大されたと言えるかもしれない。

元来の朝鮮ナショナリズムが統一ナショナリズムに収斂されていたことを考慮すると、そうした元来の統一ナショナリズムとしてのナショナリズムと、分断ナショナリズムとの間の乖離、違いが際立ってきている。韓国の場合には、それでも、「中堅国」ナショナリズムと統一ナショナリズムは一定の親和性を持つので、正反対の方向に乖離しているわけではない。しかし、北朝鮮の場合には、「統一回避」ナショナリズムが分断ナショナリズムへと逆流している。北朝鮮がそうであるが故に、韓国の「中堅国」ナショナリズムは、一方で、何としてでも自ら主導して早急に統一を達成しなければならないという統一ナショナリズムが強くなる。しかし、他方で、そうした莫大な統一費用がかかるのであれば無理して統一する必要はないという統一ナショナリズムに逆行する動きも見られる。

韓国ナショナリズムと統一：その歴史的展開

㈠防御的な統一ナショナリズムと選別的な「用大国」ナショナリズム

朝鮮戦争を挟んだ李承晩政権の第一共和国期の韓国は、「北進統一」というスローガンを掲げていたものの、北朝鮮に対する国力の劣勢という状況下で、統一ナショナリズムに関しては実質的には防御的であり、北朝鮮との接触を排除したものであった。そして、北朝鮮との体制競争を不利から有利へと変えるために、対大国ナショナリズムをどのように利用するのかという問題に直面した。

李承晩政権が駆使した「用大国」ナショナリズムは、非常に選別的なものであった。米国の援助に排他的に依存し、その量をいかに最大化するのか、それにもかかわらず韓国の自主性をいかに確保するのかに関心を向けた。李承晩政権としては、米国の援助を可能な限り多く獲得することを誇示することで、国内に対しては政権の正統性を獲得するとともに、援助を減少させないように敏感に反応した。したがって、冷戦激化に伴う反共自由主義陣営の結束を強化するためとは言え、日韓の分業体制に組み込まれることは、米国が日本に援助の肩代わりを求めることで米国援助の減少をもたらすのではないかという警戒感を抱かせると共に、韓国が課題として設定する脱植民地化と逆行するものであると認識された。その結果、一九五一年に米国の仲介によって日韓国交正常化交渉が開始されたにもかかわらず、李承晩政権は「用日」ナショナリズムに関しては慎重であった。脱植民地化を達成するためには「用日」ナショナリズムという選択肢は時期尚早であるし、また、「用米」ナショナリズムを相殺することになってしまうことを極度に警戒したからである。

結果として、脱植民地化という課題をある程度達成することには成功したが、その分、「用米」が米国への過度の依存を強めることになる。特に、米韓関係の力関係を前提とすると、韓国の自主権が確保された「用米」が実現されたかどうかは疑わしい。そして、対北朝鮮関係においても、一九五〇年代後半は、北朝鮮が中ソのみならず、東欧の社会主義兄弟国の支援などにも起因して順調な戦後復興を遂げたのに比べて、国連の支援を受けたとは言え、ほぼ全面的に米国の援助だけに依存していた韓国の経済復興は相対的に遅滞していたために、南北の経済格差は拡大することになった。六〇年の時点で、北朝鮮の一人当たり国民総生産は韓国の二倍であった。

(二)防御的統一ナショナリズムと無差別的な「用大国」ナショナリズム

一九六〇年代に入り、依然として、南北関係における北朝鮮優位の状況は不変であったため、韓国としては「先建設・後統一」という原則に基づいて、北朝鮮との交渉に積極的に取り組むというよりも、北朝鮮に負けない国力をつけるために、特に経済発展に力を入れることの方を優先目標として選択した。その意味では、相変わらず、防御的統一ナショナリズムは不変であった。しかし、そうした目標を実現するための「用大国」ナショナリズムにおいて劇的な変化が見られた。大国を無差別的に利用しようとする姿勢である。それだけ、南北体制競争における劣勢という状況で韓国が切羽詰まっていたとも言えるが、そうした劣勢を打開するための朴正熙の選択があったことも決して過小評価してはならないだろう。

韓国としても米国の援助に依然として依存せざるを得ないわけだが、一九六〇年代に入ると、米国の援助の先行きが不透明になった。韓国の経済発展と共に米国の経済援助は無償から有償へと転換、さらに量的にも減少することになる。さらに軍事援助に関しても、肝腎の駐韓米軍の存在自体が不透明な状況を迎える。軍事クーデタによって政権を掌握した朴正熙政権は、なかなか進まなかった日韓国交正常化交渉を進めて日本の経済協力を獲得することによって、それを韓国の経済発展に積極的に活用しようとする戦略を樹立した。腹心の金鍾泌《キムジョンピル》韓国中央情報部部長を日本に派遣、日韓交渉の最大の懸案であった請求権問題を妥結に導くと共に、自らも六一年一一月に訪日し池田勇人首相と会談を行い、日本政府に対して韓国政府の妥結に向けた強い意志を示した。さらに、日米だけではなく、六三年には西ドイツを訪問し、炭鉱労働者や看護師などの労働力輸出に積極的に取り組むなど、西欧諸国との経済関係の強化にも意欲を示した。

朴正熙政権は、米国に全面的に依存するのではなく、「用米」のためにも、米国以外の「大国」の力を積極的に利用せざるを得ないと判断した。その現れが、日韓国交正常化交渉に対する積極的姿勢であった。米国の援助が必須であることはもちろんだが、それ以外の日欧などの支援を獲得することによって、南北体制競争下で劣勢にある状況を打開して、北朝鮮に追いつき、さらには追い越すことを目指したのである。その意味で、朴正熙政権の「用大国」ナショナリズムは無差別的なものであり、李承晩政権の選別的なものとは異なる。

㊂競争的統一ナショナリズム、「用大国」ナショナリズムと「抗大国」ナショナリズムとの混在

一九七〇年代に入ると、南北体制競争の様相に大きな変化が見られるようになった。六〇年代、北朝鮮は「四大軍事路線」に基づき、限られた資源を軍事に優先的に配分する戦略を採用したのに対して、韓国が輸出指向型工業化を日韓国交正常化に伴う日韓経済協力やベトナム戦争に伴う戦争特需などに力を得て成功裏に進めることによって、七〇年には、南北の経済水準はほぼ同等にまでなった。それによって、韓国は南北体制競争における従来の劣勢を克服し同一のスタートラインで競争することができるようになった。

それに伴い韓国の統一ナショナリズムは、それまでの防御的なものから競争的なものに変容

しつつあった。これは、七〇年八月一五日の独立記念日式典における朴正熙大統領の演説、即ち北朝鮮に対して「どの体制が国民の暮らしをよりよくするか、または、よりよく暮らしうる条件を備えている社会であるかを立証する、開発と創造の競争に乗り出す用意はないのか」と「善意の競争」を呼びかけたことに現れている。南北体制競争は、この時点で初めて対等な立場からの、真の意味での競争になったのである。そして、競争であるからには、勝つ場合も負ける場合もあり、先行きは不透明であるだけに、それだけ死活的な競争になる。

したがって、大国の力を利用することがより一層重要になる。にもかかわらず、その肝腎の大国が、大国同士の関係変化に伴い、韓国にとっても北朝鮮にとっても、どの程度「用大国」が可能であるのかどうか不透明な状況になった。韓国は、韓国の頭越しにベトナム戦争を終わらせ、中国との関係改善に踏み込もうとする日米などの大国に対して不信感を強めた。したがって、「用大国」ということだけではなく、「抗大国」という側面も強烈に意識した。朝鮮半島情勢を日米などの大国が韓国の意向を考慮せずに動かすことに対する強烈な反感、対抗意識を明確に持っていた。七〇年代初頭のこの時期に、韓国、北朝鮮共に南北対話に踏み切ったのには、こうした「抗大国」ナショナリズムが作用した。このように、「用大国」ナショナリズムと「抗大国」ナショナリズムとが混在していた。

㈣勝利に近づく競争的統一ナショナリズムと「用大国」ナショナリズムへの回帰

ところが、一九八〇年代に入ると、経済実績における南北体制競争で韓国の優位が明確になった。さらに、韓国政治は民主化をめぐって若干の混乱、不安定を経験したが、大統領直接選挙制度への憲法改正を主張する民主化運動の要求を、全斗煥政権が受け入れることで、韓国政治は権威主義体制から民主主義体制へと移行、民主主義体制が定着し、民主主義体制としての内外の正統性が確立されることで、北朝鮮の全体主義的な体制に対する優位も確立された。したがって、体制競争自体は韓国の勝利で決着する見込みが共有されるようになった。

それに伴い、一九八〇年代に入ると、一旦は新冷戦と呼ばれるように米ソの冷戦体制が再構築されたが、経済発展を優先させる政策を中ソが採用するなど、韓国にとっては、七〇年代から推進しながらも必ずしも結実しなかった対共産圏外交が、八〇年代後半になると可視的な成果に結実するようになった。韓国にとっては、日米西欧諸国の力を借りながら、中ソや東欧諸国との経済関係の強化を媒介とした関係改善を進めていくことになる。そうした外交に関する韓国と日米などの大国との間には葛藤が顕在化しなかったばかりか、むしろ、日米が韓国の対共産圏外交を支援するという好循環が形成されるようになった。

㈤体制競争の勝利下の統一ナショナリズムと「用大国」ナショナリズムの不透明さ

一九八九年のベルリンの壁崩壊と翌九〇年のドイツ統一に象徴されるグローバル冷戦の終焉が明確になる。朝鮮半島においても、体制競争における優位を確保した韓国主導で、グローバル冷戦の終焉の配当を朝鮮半島冷戦の終焉につなげるような動きが顕著に現れる。九〇年の韓ソ国交正常化、九一年の南北国連同時加盟、九二年の中韓国交正常化は、そうした配当である。さらに、南北関係においても、南北高位級会談が開催され、その過程で、それまで韓国が主張し北朝鮮が拒否してきた、南北の現状を相互承認するという南北基本合意書が締結された。また、北朝鮮の核開発が既成事実化している現在から見ると想像できないような、核問題を南北が共同で統制し管理するという非核化共同宣言にも合意した。韓国からすると、グローバル冷戦の終焉から帰結する配当を、南北体制競争における韓国勝利という条件を活かして朝鮮半島にもたらす構想が、本格的に考えられるようになった。そのために、韓国主導を前提としながらも朝鮮半島を取り巻く四大国である、日米中ソの力を積極的に利用することが試みられた。

しかし、こうした楽観的な見通しは、その後、北朝鮮の選択によって見事に裏切られることになった。北朝鮮はとりあえず自体制の生存のために韓国ペースの南北高位級会談に乗ったが、韓国主導の吸収統一に北朝鮮が巻き込まれないようにするためにも、南北という枠組みに組み込まれてしまうことには慎重であったからである。北朝鮮は自体制の生存を確保するために日米との関係改善を重視した。しかし、北朝鮮が米国との関係改善を指向したとしても、米国はそれを相手にするわけではなかった。北朝鮮にとって米国を北朝鮮との交渉に振り向かせることが必要であり、そのために核開発を手段として利用した。第一次核危機は、そのようにして起こった。

第一次核危機の過程では、北朝鮮の核関連施設への攻撃などが議論されたが、これは米国にとっては局地戦であるが韓国にとっては全面戦争にエスカレートするリスクがあるものであり、北朝鮮の核問題をめぐり、北朝鮮の核自体の脅威に敏感な韓国と、核拡散に敏感な米国との間で、認識の違いが見られた。さらに、第一次核危機は、一九九四年にジュネーブ米朝枠組み合意という、米朝関係の枠組みで解消されたように、韓国は基本的に交渉の当事者にはならなかった。これは、韓国の「用米」ナショナリズムに限界が示された格好である。

しかし、その後、金大中政権は米国の第二次クリントン政権に働きかけることで、核ミサイル問題に関する米国の「ペリー・プロセス」と呼ばれる対北朝鮮政策と協調的に北朝鮮に働きかけることによって、二〇〇〇年六月第一次南北首脳会談を実現させ、六・一五南北共同宣言に合意した。これは、金大中政権が、対北朝鮮をめぐって日米などの協力を獲得して北朝鮮との関係改善を主導したという意味で、「用米」ナショナリズムや「用日」ナショナリズムの可能性を示すものでもあった。韓国にとっては、体制競争における勝利を前提として、そうした優位な立場から韓国主導の枠組みに北朝鮮を迎え入れるために、いかに日米などの大国の力を利用していくのか、そうした可能性を顕著に示した事例であった。

しかし、こうした可能性は、結局北朝鮮と米国の双方によって裏切られることになった。北朝鮮は、依然として、韓国との関係改善に踏み込むことを忌避する傾向を崩さなかった。また、米国はブッシュ政権への政権交代によって、対北朝鮮政策の見直しが行われ、その過程で、北朝鮮は核ミサイル開発を公然化することで、結局、第二次核危機が発生した。この一連の過程は、大国を利用することで韓国が南北関係を主導することが、それほど容易ではないことを示している。

㈥非対称な統一ナショナリズムと「用大国」ナショナリズムの限界

南北体制競争における韓国の勝利が確定することは、北朝鮮が実質的には統一を指向しなくなることを意味する。韓国だけが統一を指向し北朝鮮は統一を指向しなくなる。その意味で、統一ナショナリズムが韓国だけのものになり、非対称的なものになってしまう。したがって、統一を指向しない北朝鮮を韓国主導の統一の枠組みに組み込んでいくことは、並大抵なことではない。北朝鮮の意図にかかわらず、韓国主導での統一を進めるために必要な韓国自体の圧倒的な国力と、そのために周辺大国を協力させることが必要となる。韓国は中国との関係強化を通じて、北朝鮮による挑発を抑止し来るべき韓国主導の統一に対する中国の理解と支持を求めることを試みようとしてきた。

しかし、現状では、中国が圧力をかけたとは言え、北朝鮮は並進路線に基づき核開発を放棄しようとはしない。また、中国にとって望ましいのは緩衝国家としての北朝鮮が存在することの方であって、北朝鮮の体制を危機に晒してまで北朝鮮に核開発を放棄させるような圧力を行使しているわけではない。その意味で、韓国としては、「用中」ナショナリズムの限界を実感する。また、米国のオバマ政権は「戦略的忍耐」の名の下で北朝鮮の核ミサイル開発を「放置」した結果、北朝鮮は米国本土を射程に入れた核ミサイルを手に入れようとしている。果たして、そうした中で米国がどのような選択をするのか。米国トランプ政権は、新たに「最大限の圧力と関与」を掲げることで、北朝鮮の核の脅威が米国本土に到達することを何としてでも阻止することに躍起となっている。そうした選択をめぐって、まさに北朝鮮の核の脅威に晒される現状の韓国との間での協調が得られるのか。韓国の「用大国」ナショナリズムは困難に直面していると言ってよい。

北朝鮮ナショナリズムと統一

では、逆に、北朝鮮の統一ナショナリズムはどのような変遷を経てきたのか。南北関係の変容に伴って、北朝鮮の統一ナショナリズムも変容してきた。

㈠優位な競争的統一ナショナリズムと「用大国」ナショナリズム

当初、統一ナショナリズムを先取りして主導していたのは韓国ではなく北朝鮮であった。国力の優位を背景として、軍事力による統一を指向し朝鮮戦争を起こしたのである。実際に米国の介入がなければ、韓国は北朝鮮によって軍事的に統一された可能性が高かった。北朝鮮は自らの判断で戦争を始めたのではなく、中ソ、特にソ連スターリンの承認を待って開戦を決定した。さらに、スターリンは中国毛沢東《もうたくとう》の支援を条件とした。このように、金日成は単独で軍事的統一を指向したのではなく、中ソという社会主義大国の承認があって初めて開戦を決断することができたのである。

さらに、開戦後、当初は南進して快進撃を続け統一を視野に収めたが、米国を中心とする国連軍の参戦、そして仁川《インチョン》上陸作戦によって、今度は敗走を余儀なくされ、北朝鮮という国家の存立すら危うい状況に追い込まれた。それを救ったのが中国であった。中国は人民志願軍を投入することで国連軍を南に追いやり、北朝鮮という国家を救ったのである。その後は、北緯三八度線を挟んで戦闘の一進一退が続き、結局一九五三年七月二七日、国連軍、朝鮮人民軍、中国人民志願軍の三者による停戦協定が締結され戦争は事実上「終結」した。このように、韓国に対する軍事的優位を前提とした北朝鮮の統一ナショナリズムは、中ソの力を利用しながら実行に移されたが、その目的は実現されなかったのである。

(二)優位な競争的統一ナショナリズムと競争的な「用大国」ナショナリズム

停戦協定後、北朝鮮は、中ソを始めとする社会主義「兄弟国」の支援を受け、韓国よりもいち早く戦後復興を達成することで、南北体制競争において再び優位を確保した。しかし、軍事的統一に対する中ソの支援が得られなくなったために、韓国の内政の混乱に乗じた形での統一を目指した。そして、朝鮮戦争以後、北朝鮮は次第に中ソの干渉を排除する方向に向かう。特に、金日成率いる満州派のライバルとなるソ連系、延安系は、それぞれ中ソとのパイプを誇示したので、金日成としては、権力闘争に勝利するためにも中ソからの自立を指向した。一九五六年の八月宗派事件は、金日成によるソ連系や延安系の排除を通した満州派による独裁体制を確立する重要な契機となった。

こうした中ソに対する北朝鮮の姿勢は、中ソ対立が深刻になる一九六〇年代に入ると、より一層顕著になった。一方で、中ソ対立は、中ソ共に北朝鮮を相手寄りにさせないために北朝鮮に配慮するので、中ソに対する北朝鮮の交渉力を向上させることになり、北朝鮮にとっては利用できるものではある。しかし、本来であれば、日米が分担と協力で韓国を積極的に支援するように、中ソも協力して北朝鮮を支援するべきであったにもかかわらず、肝腎の中ソが深刻な対立に陥ることは、北朝鮮にとっては大きな損失でもあった。そして、対立する中ソから距離を置く姿勢を示すようになった。それが、「脱陣営」外交と呼ばれるものであった。以上のように、北朝鮮の対大国ナショナリズムは「用大国」ナショナリズムという側面と「抗大国」ナショナリズムという両面を持つものであった。

しかし、一九六〇年代を通じて、韓国と北朝鮮との経済的格差は急速に縮まり、七〇年代に入ると、ほぼ均衡状況になっていった。この背景には、韓国が、日米の分業的協力を通して、経済発展を達成するために必要な資源を獲得することができたのに対して、北朝鮮は安全保障を自力で確保するために限定的な資源を軍事に優先的に配分する「四大軍事路線」を選択せざるを得なかったという事情がある。北朝鮮は、中ソ対立の中で対中ソ交渉力をある程度増大させたが、それでは補えぬほどの損失も被った。その意味で、中ソを競争させることで北朝鮮が利用するという競争的「用大国」ナショナリズムは限界を抱えざるを得なかったのである。

㈢衰退する競争的統一ナショナリズムと「用大国」ナショナリズムの混迷

一九七〇年代に入ると、韓国の経済力が北朝鮮のそれに追いつき、追い越すようになり、それまで享受してきた北朝鮮優位の統一ナショナリズムは、その現実的な基盤を失う。その結果、統一ナショナリズムは非現実的で教条的なものに変質する。韓国が分断という現状から出発するという意味で「二つのコリア」政策を掲げたのに対して、北朝鮮は、それは分断を固定化することになるという理由で批判し、あくまで「一つのコリア」であるべきだという立場に基づき、現状の不承認を統一ナショナリズムの条件とした。元来、現状の承認から出発するべきである統一ナショナリズムを、現状の否定から出発するべきであるという論理を持ち出すことで、その説得力を喪失させた。

それだけでなく、中ソ対立に伴って競争的「用大国」ナショナリズムの限界に直面することで、「脱陣営」の非同盟外交という「用中小国」ナショナリズムに傾斜した。しかし、非同盟が北朝鮮に与える利益は象徴的なものに留まり、「用中」「用ソ」という用大国ナショナリズムに代替するものではなかった。そこで、北朝鮮としては、対立する陣営の米国との直接交渉を指向し、米朝平和協定の締結を米国に呼びかけ「用米」ナショナリズムにも訴えかけた。しかし、米国がそれに応答するはずもなく、無為に終わる。北朝鮮としては、利用可能な外国が存在せず孤立感を深めることになる。

㈣競争的統一ナショナリズムから分断ナショナリズムへ、「用大国」ナショナリズムの挫折

北朝鮮と韓国との経済的格差は一九七〇年代から八〇年代にかけて拡大の一途を辿り、北朝鮮はそれまでの優位を完全に喪失した。にもかかわらず、北朝鮮主導の統一可能性を放棄したわけではなかった。最後の望みとして、韓国の独裁に対する反体制民主化運動の高揚が独裁を打倒した場合に、親北朝鮮的な体制や政策を選択する可能性に賭けたのである。確かに、韓国では七〇年代の維新体制、八〇年代に入ってからの第五共和国に抵抗する反体制民主化運動の高揚が見られた。特に、全斗煥政権への反対運動は、北朝鮮が長期間要求してきた駐韓米軍の撤退を含むなど、反米ナショナリズムの可能性を内包していたため、北朝鮮はそれに期待をかけた。

しかし、民主化運動の高揚の結果、成立した韓国の民主主義体制は、そうした北朝鮮の期待

を完全に「裏切る」ことになった。韓国の民主主義体制は、親北朝鮮になるどころか、逆に、北朝鮮の非民主主義的な全体主義体制との違いを決定づけることで、政治的にも北朝鮮は完全な劣勢に置かれることになった。その結果、北朝鮮としては、北朝鮮主導の統一の可能性を放棄せざるを得なくなった。北朝鮮のナショナリズムは統一ナショナリズムから分断体制を維持するための分断ナショナリズムへと変質した。

さらに、それに拍車をかけたのが、それまで、たとえ形の上だけだとは言っても同盟関係を形成していた中ソという大国、さらに社会主義兄弟国としての中東欧諸国が、韓国との経済協力の方により大きな利益を見いだすことで、雪崩を打つように韓国との関係改善に向かい、一九九〇年には韓ソ国交正常化、九二年には中韓国交正常化が実現された。それに対して、北朝鮮と日本との間には国交正常化交渉が始まったものの、拉致問題などに起因して進展せず、米国との間には国交正常化交渉すら始まらず、外交面での孤立がより一層進んだ。北朝鮮にとっての「用大国」ナショナリズムは可視的な成果を上げられていない。

㈤「統一回避」ナショナリズムと「用大国」ナショナリズムの混迷

二〇〇〇年代に入ると、北朝鮮にとっては統一ナショナリズムというのは単なる自体制を維持するための分断ナショナリズムを正当化するための「外皮」でしかなくなった。北朝鮮が統一ナショナリズムを放棄しないのは、それが朝鮮ナショナリズムの核心であると共に、北朝鮮が体制競争における優位を占めていた金日成時代の「遺訓」であるためである。実際に、北朝鮮が統一ナショナリズムに忠実であることは、北朝鮮にとって自らの利益にならないどころか、自ら墓穴を掘るようなものであった。

では、北朝鮮はいかにして自体制の生存を図ろうとしているのか。一九九〇年代初頭の冷戦の終焉直後、北朝鮮は韓国との交渉を通して生存を図ろうとした。しかし、それ以後は、基本的には大国、特に「敵」である米国との関係改善を通して、米国に北朝鮮の現状を承認させることを通して生存を図ろうとしているように思われる。その意味では「用大国」ナショナリズムの試みではある。しかし、残念ながら、北朝鮮には大国の関与を引きつけるだけの手段を持ち合わせていなかった。唯一、大国の関心を引くための手段として想定したのが核ミサイル開発であった。核ミサイル開発を通して、核不拡散に関心を持つ米国の関心を引きつけようとした。さらに、米国自体を射程距離に入れたミサイルと小型化された核兵器とを組み合わせることで米国に脅威を与え、米国を北朝鮮との直接交渉の場に引き出そうとする。「用米」ナショナリズムではあるが、かなり倒錯したものである。その結果、米国が北朝鮮との交渉機会を持つことに一旦成功したが、米国としては、北朝鮮が核ミサイル開発という「悪い行為」をするのに対して、北朝鮮の希望する交渉で応えるということは、「悪い行為」に対して「アメを与える」ことになってしまうため、交渉で応えることには慎重にならざるを得ない。したがって、「用大国」ナショナリズムの試み自体が、大国を利用することを困難にするという悪循環に陥っている。
にもかかわらず、虚勢を張り、自らを「強盛大国（国家）」「核保有国」であり、大国と対等の関係であるというフィクションに依拠した現実味のない外交を指向せざるを得ない。結局、「用大国」ナショナリズムではなく、大国によって見捨てられるナショナリズムになってしまう。

南北分断体制と統一ナショナリズムの思想・運動・体制

朝鮮半島を取り巻く状況は、南北分断という現実が維持されるだけでなく、それが体制化していくことである。それが南北分断体制ということであり、単なる国家間関係としてではなく、韓国、北朝鮮の国内体制にも多大な影響を及ぼし、人々は分断という現実をある意味では当たり前の日常として認識し、そうした前提に基づいて日常生活を営むようになる。そして、こうした分断体制は、分断イデオロギーという思想を形成するようになる。現状における北朝鮮の「統一回避」ナショナリズムは、分断イデオロギーの一種である。また、韓国の「中堅国」ナショナリズムは、韓国の国力増大という国益と統一費用などとを比較衡量し、統一とナショナリズムとが場合によっては背反することを前提とする点で、同様に分断イデオロギーの一種と考えることもできる。このように、分断は体制としてだけでなく、イデオロギーという思想としても、朝鮮半島内部のみならず関係国の間にも浸透するようになっている。分断状況を「変革すべき異常な対象」として考えるのではなく、「目の前にある当たり前の現実」であり「与件」として考えることに慣れてしまった。これは日本でも同様である。

さらに、そうした分断イデオロギーは運動の次元にも可視化されるようになっている。「統一よりも分断の方が望ましい」という運動が公式的に提示されることは少ない。韓国にはもちろん北朝鮮においても「統一は国是」であることは相当程度共有されているからである。韓国において、保守・進歩を問わず存在する、北朝鮮の人権を問題視する運動は、分断を指向する運動であるとは言い難いが、それが単に北朝鮮の人権だけを問題視し、韓国と北朝鮮との乖離だけを殊更に強調するだけで、北朝鮮の人権状況を改善することができる具体的な戦略を提示できないのであれば、結果としては、分断イデオロギーとしての機能を果たすことになりかねない。北朝鮮の人権蹂躙状況は当然批判されるべきであろうが、それをどのような戦略で改善していくのか、そうした具体的な戦略がなく、外からそれを批判することで北朝鮮がより一層硬化していくだけであれば逆効果になる場合もある。

そうした分断という体制、思想、運動に対抗する統一の体制、思想、運動の現状はどうか。統一ナショナリズムが制度化・体制化されていないのが現実である。統一ナショナリズムの完成形態は統一国家の成立である。その段階まで到底至っていない。少なくとも一九七〇年代以降、北朝鮮は形式的には、南北の異なる体制を「尊重」する形での連邦制統一を主張してきたのに対して、韓国は、異なる体制同士の国家連合という段階を経ながら、究極的には一つの体制、韓国の立場から言うと自由民主主義体制での統一国家を形成することを目標とした。こうした同じ統一ナショナリズムの制度化、体制化と言っても南北では違いがあるが、ともかくも現状では統一国家は存在していない。二〇〇〇年、金大中・金正日の第一次南北首脳会談で合意された六・一五南北共同宣言では、南北のこうした異なる統一アプローチの間に共通性があることを認めたが、だからと言って、統一が、南北の合意を前提として漸進的に進むという可能性は率直に言って非常に小さい。むしろ、北朝鮮の体制が何らかの契機で崩壊したりする、いわゆる有事によって、なし崩し的に韓国が北朝鮮を吸収して統一が達成される可能性の方が高い。ただ、いずれにしても、現状は統一ナショナリズムの制度化段階にはほど遠い状況である。

統一運動に関しては、以下のような逆説が存在する。北朝鮮では、体制と運動との区別がほとんどなく、動員と運動が一体化している。その意味では、北朝鮮の統一ナショナリズムへの動員は存在するが、体制とは異なる自律的な統一運動が存在するわけではない。それに対して、韓国では、政府の統一ナショナリズムへの動員は存在するが、それとは異なる自律的な統一運動も存在する。運動というよりも政策代案と言った方がよいが、一九五〇年代、李承晩政権が主唱した「北進統一」に対して、野党進歩党党首曺奉岩が主張した「平和統一」や、第二共和国下において革新勢力が主張した中立化統一論などが思想と運動の両面で提示された。ただ、前者は、このために国家保安法違反で逮捕され処刑された。後者は、五・一六軍事クーデタによって、それまで許容された政治空間が急激に萎縮し、その担い手の一人である民族日報社社長趙鏞壽《チョヨンス》が処刑されるなど、その存立基盤は失われた。

その後は、朴正熙政権、全斗煥政権に対する民主化運動は、統一運動としての性格を内包していた。独裁体制は、政権にとって都合の悪い自由な統一論議を封じ込めようとした。独裁体制に抵抗した民主化運動は、自由な統一論議を求めるという要求をしていたからであった。民主化運動のこうした側面は、維新体制期には潜在化されたが、全斗煥政権に対する民主化運動は、それまで、冷戦体制が韓国の民主化を妨げてきたという視点に立脚して、民主化のためにも冷戦体制を克服しなければならず、そのためには民主化運動それ自体も民族統一運動としての性格を持たなければならないと主張した。

その後、民主化とともに、自由な政治空間が解放されることで、統一論議も相当程度の自由を獲得した。統一論議が政府によって独占された時代は過去のものとなり、政府の統一政策への代案も積極的に提示されるようになった。しかし、依然として、韓国における統一をめぐる論議には政治的制約が存在する。反共統一が国是であること、言い換えれば、北朝鮮主導の共産化統一は絶対に許容されないことが前提としてある。それはそれでよいのだが、そのために、依然として、北朝鮮関連の情報へのアクセスに関して、韓国社会には制約が存在する。韓国社会が北朝鮮と比較した自国の体制優位や正統性優位に関してもっと自信を持つべきであり、そうであれば、北朝鮮関連情報への自由なアクセスも認めてもよいと考えるのだが、そこ

までには至っていない。(1)

以上のように、統一ナショナリズムは、依然として、思想や運動の次元に留まっている。それを体制化しようとする指向もあるが、北朝鮮との間で、過去合意された取り決め、一九七二年の七・四南北共同声明、九一年一二月の南北基本合意書、二〇〇〇年の六・一五南北共同宣言、二〇〇七年の一〇・四南北関係の発展と平和繁栄のための宣言は、いずれも、統一ナショナリズムの体制化という観点から見る限り不十分なものと言わざるを得ない。突然ある日統一がやって来るかも知れないが、統一国家が実現されない限り、統一ナショナリズムが体制化されたとは言い難い。

実現されていない未完の統一ナショナリズムを前提とする限り、思想、運動としての統一ナショナリズムを活性化することは必要である。にもかかわらず、韓国における現段階は、思想や運動としての統一ナショナリズムから、それをいかに制度化させるのかを模索する段階に来ているように思われる。しかも、実質的には分断ナショナリズムを制度化しようとする北朝鮮に対して、北朝鮮の形式的に残存する統一ナショナリズムの端緒をいかにつかまえて韓国主導の統一に組み込んでいくのかがまさに問われている。

統一ナショナリズムの国際政治的含意

統一の現実化、換言すれば、その過程はいろいろなシナリオが考えられるが、結果として現在の趨勢通り韓国主導で統一国家が形成されるということを前提として、その国際政治的含意を考察する。具体的には、朝鮮半島を取り巻く重要な関連国である、日本、中国、米国の三者との間でどのような関係の構築が予想されるのかを考察する。

㈠統一韓国のナショナリズムと日本

韓国では、分断と統一に関して、朝鮮半島が分断されるに至った責任を日本は免れないという、日本の分断責任論をめぐる議論がある。さらに、日本は、自国の国益のため朝鮮半島が統一されることよりも分断されたままである方を選好する、したがって、日本は朝鮮半島の統一を妨害するはずであるという分断利益論が、韓国社会には相当程度共有されてきた。

日本の植民地支配後に米ソ分割占領があり、その帰結が南北分断であったことを考慮すると、日本に分断に関する間接的責任があることは認めざるを得ない。韓国では、「日本がもっと早く降伏していれば、ソ連が参戦することもなかっただろうし、そうなれば、米ソ分割占領もなく、植民地朝鮮は一体となって統一国家として独立していたはずである。したがって、日本の『遅い降伏』に分断の責任を帰する」見方がある。しかし、たとえそうであったとしても、分断に関する直接的な責任を負うべきであるという主張は過剰な責任転嫁である。

さらに、分断利益論に関しては、次のような誤解が存在する。一九六〇年代まで朝鮮半島は、日本に敵対的な北朝鮮が主導することによって統一されることが、当時の南北の力関係を考えると予想される帰結であった。そうした帰結は、冷戦体制下において、日本の安全保障にとって危機を招来すると認識されたために、そうした「統一」が実現しないように、日本は韓国の経済発展や政治的安定に対して積極的に協力したのである。しかし、その後、南北関係は韓国が北朝鮮に追いつき、さらに逆転し、現状では南北体制競争に関して韓国優位という形で決着がついた。そうした韓国主導の統一は日本の安全保障にとって脅威ではないどころか、非対称的な南北関係下において劣勢にある北朝鮮の核開発が日本の安全保障上の現実的な脅威になりつつある中、韓国主導の統一は、こうした脅威を解消するために必要である。

一角には、統一韓国の核保有の可能性、さらに現在の韓国の反日的性格を前提とした統一を危惧する向きも存在する。こうした危惧に全く根拠がないわけではない。韓国の核武装論は、北朝鮮の核開発への対抗措置として、その現実的可能性はともかく、世論としては相当な広がりを持つものである。また、確かに、今日における日韓関係における葛藤の背景には、日韓関係が従来の非対称な関係から対称的な関係へ変容したことに伴う日韓間の競争関係の激化があるわけだが、韓国主導の統一は、こうした傾向にさらに拍車をかけることになり、日韓の葛藤的な関係がより一層激化する可能性がある。

しかし、それが日本にとって脅威となるのかどうかは、予め決まっているわけではない。それは、日本の対応、それに伴う日韓関係の推移によって流動的である。こうした危惧の背景には、韓国は元来が「反日国家」であり、これは不変であるという前提があるように思うが、それはある意味では「被害妄想」以外の何ものでもない。統一韓国の成立過程に積極的に協力し、統一韓国との関係改善の姿勢を示すことによって、統一韓国の対日政策は相当程度可変的になりうる。にもかかわらず、そうした可変性に目をつぶることは、外交的な敗北以外の何ものでもないはずである。

まさに、そうした韓国社会に相当程度共有される「誤解」は、韓国主導の統一過程に関して日本が積極的に協力せず「傍観」することによってより一層増幅されることになる。そうした悪循環に終止符を打つためには、韓国主導の統一過程に日本が積極的に貢献することが必要となる。そのためには、韓国政府も、日本の関与に消極的な韓国の国内世論に対して、韓国主導の統一を達成するためには日本の協力が必要なことを説得する必要がある。

統一韓国と日本とがどのような関係を構築するのかは、種々の問題を抱えながらも、それを克服して大国としての地位を固めることが予想される中国を中心とする東アジア国際秩序がどのようなものになるのかに重大な影響を及ぼす。統一韓国と日本との関係が摩擦に満ちた、したがって十分な協力が望み難い状況下の東アジアは、何よりも、中国の「一強体制」になることが予想される。そうした「一強」中国が、秩序形成に関して自制的に行動することでヘゲモニー（合意による支配）を獲得することができるかもしれない。しかし、少なくとも、中国の現在の行動を見ると、そうした余裕はなく、かなり強引な姿勢で臨んでくることが予想される。ただ、そうした強引な姿勢に対して、統一韓国も日本も単独では十分な対応が困難である。本来であれば、統一韓国と日本が協力することで、中国に「大国らしい」、換言すれば、地域構成国へ十分な配慮をしたうえで秩序の安定化を図るように影響を及ぼすことが、初めて可能となるはずである。統一韓国と日本とが十分な協力関係を構築することでこそ、中国の「独走」にブレーキをかけることができるはずである。

問題は、従来の非対称的な相互補完的関係から、対称的な相互競争的関係へと変容しつつも、広義の歴史問題に起因する相互不信を抱える日韓両国の国家と社会が、上記のような十分な協力が可能な日韓関係を構築することができるかどうかにかかっている。そうした意味で、日韓両国政府、さらには社会が、どのような日韓関係を構築していくのかは、日韓だけではなく、東アジア、さらにはグローバル社会全体にとって重要な意味を持つ、まさに公共財的な位置づけを付与される。

(二)統一韓国のナショナリズムと中国

現状において、統一を拒否する北朝鮮を除けば、最も統一の拒否勢力でありうるのは中国であるかもしれない。中国は統一に反対していないと言っているのは確かだが、韓国主導の統一を自明なものと考え、それを支持しているわけではない。その点は日本とは明らかに異なる。中国としては、韓国との関係も重要だが、北朝鮮の存在も重要であり、韓国が北朝鮮を吸収する形で統一が達成されることを全面的に支持するわけにはいかない。とすると、中国としては韓国との関係を重視しながらも、北朝鮮の生存を冒すことのないように、むしろ、その生存を支援するように北朝鮮との関係を構築しようとする。このことは結局、分断体制という現状を維持することの方に利益を見いだすことを意味する。

したがって、韓国主導の統一を達成するため、そして、中国にそれを認めさせるためには、中韓関係を強化した方が、北朝鮮を中国の緩衝国家として維持するよりも中国にとって有利であることを説得することが重要である。さらに、現状がそうでないとすると、中国がそのように認識を変えるようになる条件を韓国が準備することが必要となる。

但し、ここで考えておかなければならないのは、北朝鮮有事などに起因した韓国主導の統一を妨害するだけの能力や意図を中国が果たして持つのかどうかという点である。もし、そうなった場合に、中国はそれに抗してまで北朝鮮を守護し、韓国主導の統一を妨害するということは考えられない。確かに、韓国主導の統一に中国が積極的に協力するということも考え難いが、統一韓国の成立が確実になった時点では、いち早く、それを承認し統一韓国との良好な関係を構築することを選択する、そうした存在ではないかと考えられる。そうであるとすると、統一韓国はあえて中国に対して「抗中」ナショナリズムを発揮する必要はない。

㈢統一韓国のナショナリズムと米国

現在の米韓関係を前提とすると、一見、統一韓国と米国との間には何の摩擦もないように見える。米国は冷戦期から南北分断体制下の韓国を排他的に承認し支持してきたからである。韓国は冷戦における反共の防波堤として米国にとって重要であったからであるし、ポスト冷戦以後も、北朝鮮の核ミサイル開発、中国の大国化という条件変化に応じて、韓国の重要性が低下することはなかったからである。韓国主導の統一は、米国の地政学的な戦略からして、歓迎されるべきことはあっても拒否され警戒されるべきことではないからである。

しかし、統一韓国が米中関係においてどのような位置にあるのかによって、統一韓国と米国との間には緊張関係が生じる可能性もある。前述したように、統一の過程で最も大きな拒否権を持つのは中国である。それが黙認であれ承認であれ、中国の関与がなければ統一を達成することは難しい。したがって、韓国が統一の過程で、それまでの対米同盟関係を解消する可能性がゼロであるとは言い難い。韓国としては、統一に関する国際的承認が必要で、それを中国から獲得するために二者択一を迫られることになるかもしれない。その結果、場合によっては、米中関係の狭間で統一韓国が対米同盟を解消し、駐韓米軍も撤収させ、ある種の中立を選択する可能性を排除することはできない。

さらに、そうした可能性があるにもかかわらず、それが実現できない場合には、駐韓米軍の存在に関する韓国国内の批判が高まることも十分に予想される。統一韓国もしくは統一に至る韓国において、再び、対大国ナショナリズムとしての「抗米」ナショナリズムが噴出する可能性を排除することもできない。統一韓国が米韓相互防衛条約、即ち米韓同盟関係を維持するのか、駐韓米軍を維持するのか、それとも、そうではなく、米中関係における中立を維持するのか。そうした二者択一に迫られることを韓国は最も恐れているわけであるが、そうした二者択一を迫られた場合に、一体、韓国がどのような選択をするのか。統一韓国の国際的承認を確実なものにするために、米韓同盟を解消して、中立を指向するのか。それとも、中国の承認を待たずに米韓同盟を維持したままの韓国主導の統一を強引に進めるのか。おそらく、どちらの選択も韓国としては「よい選択ではない」と考えているわけだが、そうした二者択一にならないように、どのように、米国や中国を説得するのかが、韓国外交には問われている。

以上のように、元来、統一ナショナリズムとは、朝鮮半島における韓民族を中心とした統一国家を建設することで分断体制を克服し、「民族国家」を完成することを意味する。それが統一ナショナリズムの完成形になる。そして、おそらく、それは、実質的には韓国主導で北朝鮮を吸収する形にならざるを得ない。もちろん、相互の体制を維持しつつ連邦制によって統一国家を建設するということも構想されるが、これは、現状では非現実的であり、もし万が一、そうなったとしても実質的に統一国家とは言い難い。

このように、統一自体は、相互の承認、合意を基本とするものである。但し、実際には、これが必須というわけではなく、北朝鮮の体制が崩壊して雪崩を打つように韓国が吸収せざるを得ない可能性もある。しかし、分断の経緯や、分断体制と統一国家をめぐるそれぞれの利害得失が異なるので、そうした乖離をある程度解消するためにも、統一に関する国際的承認の必要性を認識するようにはなっている。その意味で韓国の統一ナショナリズムは、関係国、米中、日ロの国際的承認さらには国際的支援を獲得することが必要になる。決して、統一ナショナリズムは韓民族内部に閉ざされたものにはなり得ない。

しかし、統一韓国は、それまで朝鮮半島が周辺大国によって分断されてきたことを克服することを意味する。さらに、国家の人口規模が、韓国からすれば、少なくとも一・五倍程度にはなるわけで、周辺大国、特に日本に対する競争意識はより一層高まることが予想される。にもかかわらず、統一過程において国際的承認を獲得することは、いろいろな形での譲歩が必要になるかもしれない。それは統一達成後における外交にも少なからぬ影響を及ぼすはずである。統一過程における国際的承認の獲得と統一達成後における自立という、二つの要請を統一ナショナリズムの中でいかに両立させるのかが問われる。

おわりに

朝鮮が近代国家として主権国家体系に組み込まれる一九世紀末から二一世紀初頭に至る朝鮮近現代史の展開をナショナリズムに焦点を当て考察した。そこからどのような新たな知見を獲得することができたのか。表一（二七〇―二七二頁参照）は、本書の内容を整理したものである。

第一章で前述したように、ナショナリズムに焦点を当てることのメリットとして、㈠ナショナリズムをめぐる議論の脱政治化、㈡韓国と北朝鮮を包括する歴史的視座の提供、㈢連続的な歴史観の獲得、という三つを掲げた。この問題については表からも、ある程度所期の目的を達成することができたのではないかと考える。

朝鮮近現代史は、特に韓国や北朝鮮の立場からは帝国主義に抵抗する民族独立運動の歴史として解釈されることが多かった。近年、そうした二項対立の歴史観を修正する解釈が実にさまざまな形で提起されてきた。本書も、そうした一環として位置づけることができる。さまざまなナショナリズムが矛盾を抱えながらも相互に対立し競争する過程、さらには、相互に没交渉で断絶する過程として朝鮮ナショナリズムの全体像をダイナミックに描くことができるのではないかということを仮説として提示した。

韓国と北朝鮮を包括する朝鮮全体を解釈する歴史的視座に関しても、体制競争局面における同一の統一ナショナリズムをめぐる競争から始まり、その後、それと並行してそれぞれを基盤とする排他的な分断ナショナリズムが登場し、さらに、体制競争局面後には、韓国の統一ナショナリズムと北朝鮮の「統一回避」ナショナリズムとの対峙が現れていることを明らかにすることができた。韓国が体制競争において勝利を収めたにもかかわらず、それがなぜ韓国主導の統一に連携しないのか、それをナショナリズムという視角から考察した。

朝鮮近現代史は、植民地支配、南北分断、韓国の政治変動など、多くの断絶要因が存在するために、それを鳥瞰することは非常に困難である。にもかかわらず、朝鮮ナショナリズムを統一ナショナリズムや「中堅国」ナショナリズムなどの近代化ナショナリズムという類型と抵抗ナショナリズムや大国利用ナショナリズムなどの対大国ナショナリズムという類型に分けて、それぞれの変容や、その相互関係を見ることによって、一九世紀末から二一世紀初頭の朝鮮近現代史の展開を説明することができたのではないかと考える。

次に、こうした朝鮮ナショナリズムに関する考察がナショナリズムをめぐる既存の議論にどのような点で新たな知見を付け加えることができたのか。ナショナリズム論は社会から国家がどのように形成されるのかという即自的ナショナリズム、国際システムに組み込まれることによって国家としての意識がどのように形成されるのかという対自的ナショナリズムという二つの側面から発展してきた。朝鮮ナショナリズムも、即自的ナショナリズムが先行し、その後、中華秩序から主権国家体系への移行に伴って対自的ナショナリズムが形成されるようになったが、短期間で政治的独立を失い植民地に転落してしまった。

一方で、朝鮮ナショナリズムをめぐる営みは、そうして失われたナショナリズムの完成形を取り戻すためのものであったと言えるだろう。二一世紀の現在から見ると、朝鮮ナショナリズムは、そうした遅れたものを取り戻すものであると言える。にもかかわらず、朝鮮ナショナリズムは、ナショナリズムをめぐる既存の議論に「時代遅れ」の一事例を付け加えるものなのか。そうではない。むしろ、ナショナリズムに関わるいろいろな興味深い論争的なテーマを提示している。大国のナショナリズムと小国のナショナリズムという二分法ではなく、「中堅国」ナショナリズムは、国力に応じながらも、国力が短期間に変動したことから帰結される、非常に興味深い事例を提供する。また、統一を希求する国が、統一を掲げながらも実際には統一回避に向かう国を相手として、どのようなナショナリズムを掲げることで、同一のルールや枠組みに引きずり込むことができるのか、朝鮮ナショナリズムは、過去のどのような事例も参考にならないような新たな知的挑戦を突きつけていると言える。

冷戦期、特に一九七〇年くらいまでは、率直に言うと、南北関係において相対的にではあるが、北朝鮮の方に優位性があると考えていた。もちろん、韓国は日本にとっては「反共の防波堤」であり、韓国が持ちこたえるために日本は積極的に経済協力を行っていたわけであったが、ともかく、体制競争においてはどうも韓国の分が悪いということではなかったかと思う。ところが、筆者が韓国や朝鮮半島に知的関心を持ち始めて以降、こうした競争状況は実に劇的に変わった。維新体制期には韓国経済の脆弱性が一部では盛んに議論されたものだが、韓国は経済発展を持続させて北朝鮮との経済格差は今や挽回不可能な不可逆的なものになっている。また、政治的にも、長期の権威主義的体制を民主化運動の力によって民主主義体制へと移行させ、いろいろな問題を抱えながらも体制としては安定している。外交的にも、中ソを始めとした旧社会主義圏の国々とも国交を樹立し、今や世界中のほとんどの国と国交を持ち、北朝鮮には大きく水をあけている。朝鮮半島を取り巻く国際政治の変動ももちろん重要であるが、韓国自身の変化がそうした帰結をもたらす重要な要因であったことは、どんなに強調してもしすぎるということはない。

そうした韓国の変化、そして、それがもたらす南北関係の変化、さらに朝鮮半島を取り巻く国際政治の変化を、それに対する北朝鮮の対応を含めて、その政治力学を解明することが、自らの研究課題であると考えてきた。そうした課題に対して、ナショナリズムに焦点を当てた本書の取り組みは相当程度成功したのではないかと考える。韓国が統一ナショナリズムとは異質な「維新」ナショナリズムを掲げて南北対話に取り組み、そうしたナショナリズムに対応した「二つのコリア」政策を採用したことが、一つの転機になったのではないか。そして、そうした蓄積の上に韓国が「中堅国」となり、それに応じたナショナリズムを掲げることで、統一ナショナリズムを専有することが可能となったのである。

だからと言って、韓国は「思い通り」の結果を得たわけではない。体制競争に勝利したにもかかわらず、自ら主導の統一が近づいたのかどうか不透明である。また、小国から脱して世界の政治、経済、文化における存在感を増大させたことは確かだが、そうであるが故に守るべきものも多くなり、また、念願の統一に関してはむしろ米中などの大国へ期待せざるを得ない部分が多くなった。その意味では、発展の結果、自力による統一の可能性が高まったというよりは、むしろ、状況はもっと複雑で困難になったとさえ言えるかもしれない。

それに対して、北朝鮮は統一ナショナリズムを言葉の上では掲げるが、実際はいかにして韓国主導の統一を回避して自らの特異な体制を守るのかという「統一回避」ナショナリズムの維持に「四苦八苦」している。そして、核ミサイル開発という「勝算の不確かな最後の賭け」に出ている。北朝鮮は、体制競争においてここまでの圧倒的不利に陥る前に、それを克服する対応ができなかったのはなぜか。北朝鮮も、韓国と同様に統一ナショナリズムとは異質な「主体」ナショナリズムを掲げて南北の体制競争に臨んだにもかかわらず、それとはどう考えても適合的でない「一つのコリア」に固執し、さらに主体思想という結局北朝鮮にしか通用しないような体制イデオロギーを構築していったのはなぜなのか、依然として、疑問は残る。

こうした疑問に答えるためにも、ナショナリズムだけからは見えてこない、韓国、北朝鮮、南北関係、朝鮮半島をめぐる国際政治のそれぞれの政治力学を解明することが必要になる。ナショナリズムに焦点を当て見えてくる朝鮮半島は、朝鮮半島の相当大きな一部であることは確かであるが、やはり一部でしかない。本書は近代以降の朝鮮半島を理解するための一助になったのではないかと自負するが、より一層大きな課題が目の前に横たわっていることを痛感する。今後とも、そうした課題に絶え間なく取り組んでいきたい。

表一　朝鮮ナショナリズムの展開

<table>
<tr><td rowspan="2">原型
時期</td><td colspan="6">近代化ナショナリズム</td></tr>
<tr><td colspan="6">対大国ナショナリズム</td></tr>
<tr><td rowspan="2">開化期Ⅰ：
初期条件</td><td colspan="6">反封建</td></tr>
<tr><td colspan="6">反外勢</td></tr>
<tr><td rowspan="2">開化期Ⅱ</td><td colspan="6">近代化ナショナリズム</td></tr>
<tr><td colspan="4">「用日」ナショナリズム</td><td colspan="2">「用中」・「用ロ」ナショナリズム</td></tr>
<tr><td rowspan="2">植民地支配</td><td colspan="6">挫折</td></tr>
<tr><td colspan="6">挫折</td></tr>
<tr><td rowspan="3">分岐</td><td colspan="4">内部ナショナリズム</td><td colspan="2">亡命ナショナリズム</td></tr>
<tr><td colspan="3">右派ナショナリズム</td><td>左派ナショナリズム</td><td>右派ナショナリズム</td><td>左派ナショナリズム</td></tr>
<tr><td colspan="3">「用日」ナショナリズム</td><td>「抗日」ナショナリズム（地下活動）</td><td>「抗日」ナショナリズム</td><td>「抗日」ナショナリズム</td></tr>
<tr><td rowspan="4">解放直後</td><td colspan="4">米軍政下南部朝鮮</td><td colspan="2">ソ連占領下北部朝鮮</td></tr>
<tr><td colspan="2">右派ナショナリズム</td><td>中道派ナショナリズム</td><td>左派ナショナリズム</td><td colspan="2">左派ナショナリズム</td></tr>
<tr><td colspan="2">「用米」ナショナリズム</td><td>「用米」・「抗米」ナショナリズム</td><td>「抗米」ナショナリズム</td><td colspan="2">「用ソ」ナショナリズム（共産主義インターナショナリズム）</td></tr>
<tr><td>「用日」ナショナリズム</td><td>「抗日」ナショナリズム</td><td>「抗日」ナショナリズム</td><td>「抗日」ナショナリズム</td><td colspan="2">「抗日」ナショナリズム</td></tr>
<tr><td rowspan="3">分断直後</td><td colspan="4">大韓民国</td><td colspan="2">朝鮮民主主義人民共和国</td></tr>
<tr><td colspan="4">イデオロギー的な反共統一ナショナリズム</td><td colspan="2">イデオロギー的な左派統一ナショナリズム</td></tr>
<tr><td colspan="4">用米ナショナリズム</td><td colspan="2">用ソナショナリズム</td></tr>
<tr><td rowspan="3">朝鮮戦争</td><td colspan="6">軍事的統一ナショナリズム</td></tr>
<tr><td colspan="4">軍事的反共統一ナショナリズム</td><td colspan="2">軍事的左派統一ナショナリズム</td></tr>
<tr><td colspan="4">用米・用日ナショナリズム</td><td colspan="2">用ソ・用中ナショナリズム</td></tr>
</table>

<table>
<tr><td rowspan="3">一九五〇年代</td><td colspan="3">統一ナショナリズム</td></tr>
<tr><td colspan="2">イデオロギー的反共（防共）統一ナショナリズム</td><td>共産化統一ナショナリズム</td></tr>
<tr><td colspan="2">用米・抗日ナショナリズム</td><td>競争的実利的用ソ・用中ナショナリズム</td></tr>
<tr><td rowspan="3">四・一九革命</td><td colspan="3">統一ナショナリズム</td></tr>
<tr><td>イデオロギー的反共（防共）ナショナリズム</td><td>中立化統一ナショナリズムの可能性</td><td rowspan="2"></td></tr>
<tr><td>用米ナショナリズム</td><td>用大国・抗大国ナショナリズム</td></tr>
<tr><td rowspan="3">一九六〇年代</td><td colspan="3">競争的統一ナショナリズム：北朝鮮優位</td></tr>
<tr><td colspan="2">反共追い上げ産業化ナショナリズム
（⇔民主化ナショナリズム）</td><td>優位な共産化軍事優先ナショナリズム</td></tr>
<tr><td>用米・用日実利的ナショナリズム</td><td>用米・抗日ナショナリズム</td><td>競争的用ソ・用中ナショナリズム
主体ナショナリズムの萌芽：中ソからの相対的自立</td></tr>
<tr><td rowspan="3">一九七〇年代</td><td colspan="3">拮抗する競争的統一ナショナリズム：南北均衡から韓国優位へ</td></tr>
<tr><td>維新ナショナリズム：「二つのコリア」・産業化ナショナリズム</td><td>反維新・民主化ナショナリズム</td><td>主体ナショナリズム：「一つのコリア」
金日成の個人独裁体制と金正日への世襲体制の正当化</td></tr>
<tr><td>用米と抗米、用日と抗日ナショナリズム</td><td>用米ナショナリズム</td><td>用中ソの限界と「脱」中ソの試みとその限界、孤立</td></tr>
<tr><td rowspan="3">一九八〇年代</td><td colspan="3">競争的統一ナショナリズム：韓国優位の確立</td></tr>
<tr><td>維新ナショナリズムの選択的継承</td><td>民主化ナショナリズム</td><td>主体ナショナリズム</td></tr>
<tr><td>抗米ナショナリズムから用米ナショナリズムへの回帰
克日を掲げた用日ナショナリズム</td><td>抗米ナショナリズム・しかし結果としての用米ナショナリズム</td><td>外交的孤立：用中ナショナリズム・用ソナショナリズムの実質的放棄</td></tr>
</table>

冷戦の終焉と一九九〇年代以降	優位な統一ナショナリズムと中堅国ナショナリズムが持つ二重性：統一への積極性と消極性	統一回避ナショナリズム 並進ナショナリズム
	中堅国ナショナリズム：経済的支援を受けるための用大国の必要性減少と別の意味（対北朝鮮政策、統一）での用大国（用米・用中・用日）の必要性増大 他方で競日ナショナリズムの台頭	強盛大国ナショナリズム 並進ナショナリズム 大国との「対等化」というフィクションを創出するための核ミサイル開発 （「抗中」を内包した）用中ナショナリズム・（「抗米」を掲げる）用米ナショナリズムを通した生存の確保（統一の回避）を模索

注

第三章

1 但し、韓国憲法は一九五四年の「四捨五入改憲」で、単に李承晩大統領の三選以上を認めるだけでなく、経済の項目に関する改正も行われた。第八五条は「鉱物その他重要な地下資源、水産資源、水力と経済上利用しうる自然力は法律が定めるところにより一定期間、その採取、開発もしくは利用を特許することができる」へと、第八七条も「対外貿易は法律の定めるところにより国家の統制下に置く」へと、第八八条「国防上又は国民生活上緊切の必要により私営企業を国有又は公有に移転し、又はその経営を統制、管理することは、法律が定めるところにより行う」を「国防上又は国民生活上緊急で切迫した必要によって法律として特に規定した場合を除外して、私営企業を国有又は公有に移転したりその経営を統制又は管理したりすることはできない」と、それぞれ改正された。このように制憲憲法では、国家資本主義的な要素が多く見られたが、五四年の改正によって自由主義経済への方向性が示されるようになった。

2 北朝鮮の権力は共産主義者たちが掌握したが、建国当初は、出自を異にする複数の派閥の連合体であった。主として米軍政下の南部朝鮮で活動した後、北朝鮮に拠点を移した「南労党（南朝鮮労働党）系」、中国の延安を拠点として中国共産党と活動を共にした後、帰国した「延安系」、解放後、ソ連軍と共に帰国した「ソ連系」、元来、国内に残って地下活動を行っていた「国内系」、そして、金日成らと共に満州で抗日ゲリラ闘争を展開した後、ソ連に拠点を移し、解放直後に帰国した「満州派」などによって構成されていた。

3 この点について、一九六〇年代、朴正熙政権に対する批判的な論陣を張った雑誌『思想界《ササンゲ》』および、その発行人の張俊河《チャンジュナ》も、近代化を推進するという点では朴正熙政権と軌を一にしていた。

4 全人民の武装化、全国土の要塞化、全軍の幹部化、全軍の現代化から構成されるものであり、一九六二年に決定され、六六年に公表されたと言われる。

第四章

1 国連経済統計によると、一九七四年に一人当たり国内総生産（GDP）において、韓国が五六九米ドルで北朝鮮の五二〇米ドルを初めて追い抜いたことになる。

2 中国と北朝鮮は、一九六一年に中朝友好協力相互援助条約を締結し同盟国となった。また、中国は台湾（中華民国）という「分裂国家」を抱えるが、それを含めた「一つの中国」という原則的立場を掲げることで、国連など国際組織における台湾の加盟を認めない立場に固執した。その意味で中国の「一つの中国」という立場と北朝鮮の「一つのコリア」という立場には、共通部分がある。

3 朴正熙大統領は、ニクソン米大統領の訪中が発表されてから訪中が実施されるまでの間、ニクソンに手紙を送り、米中首脳会談の前に米韓首脳会談を開催して、朝鮮半島問題に関する米韓間の意思統一もしくは意見の調整を図ろうとした。しかし、ニクソンは日程が合わないことを理由に、これを受け入れなかった。

4 冷戦体制下、日本は本来であれば韓国だけを承認し、支援しなければならないにもかかわらず、北朝鮮とも関係を持とうとするし、北朝鮮に対する存在感を示そうとし、あたかも韓国と北朝鮮に「二股をかけた」として、日本の対朝鮮半島外交を韓国は批判した。日本が北朝鮮との関係改善の動きを見せる度に、韓国のマスコミなどでは「日本は二股外交をしている」と批判した。この背景には、「日本は南北統一を望んでいないはずだ」という韓国社会に深く根付く先入観が存在する。

5 岩波書店の月刊誌『世界』の「韓国からの通信」は一九七三年五月号から八八年三月号まで連載された。これはT・K生というペンネームで発表されたものであったが、後に、当時日本に「亡命」していた池《チ》明観《ミョングァン》（雑誌『思想界』前主幹で当時東京女子大学教授）が筆者であることが明らかにされた（『朝日新聞』二〇〇三年七月三〇日朝刊第六面）。

6　一九七三年六月二三日のまさに同じ日に、韓国は「平和統一外交政策に関する大統領特別声明（六・二三宣言）」、北朝鮮は「祖国統一五大方針」を発表して、この違いを決定づけた。

7　このクロス承認を本格的に主張したのは米国のキッシンジャー国務長官であり、彼が一九七五年の国連総会演説で、こうした主張を展開したのである。

8　但し、そうした事例はほとんど見られなかった。それは、北朝鮮自身が自らは「一つのコリア」政策を掲げたので、本来ならば、韓国と国交を樹立した国家との間で断交を選択するべきであった。にもかかわらず、そういう選択をしないことで実質的には「二つのコリア」を容認していたからである。

第五章

1　一九七〇年の一人当たりGDPに関して、北朝鮮が三八八米ドル、韓国が二八四米ドルであったのに対して、一九九〇年には、北朝鮮が七三五米ドルであったのに対して、韓国は六二九一米ドルになった。

2　民主化をはさんで韓国国内における北朝鮮に対する認識がどのように変化したのかに関しては、それをピンポイントに示す調査はないが、民主化以前を知る世代と民主化以前を知らない世代の対北朝鮮意識を見ると、明らかな違いが見られる。前者は北朝鮮への対抗意識が強いだけではなく統一しなければならないという意識も強いが、後者は北朝鮮との同質意識が低く、無理をしてでも統一しなければならないという意識は低い。

3　二〇一六年末から一七年にかけて朴槿恵大統領の友人崔順実《チェスンシル》の国政壟断に起因する韓国国民の反政府運動は国会をも動かして朴槿恵大統領の弾劾訴追を大差で可決させた。但し、この政治変動も、あくまで憲法の手続きにしたがって行われているわけであり、超法規的なものではない。

4　一九七〇年代まで韓国政府は国家主導の工業化を指向してきたのであって、「自由主義的な市場経済体制」であったとは言い難い。これは、韓国の置かれた国際環境の中で韓国が経済発展を達成するためには、そうした政策を指向することが必要であり、それを周辺諸国や資本主義世界経済も許容してきた。しかし一方で、八〇年代以降は、そうした国家主導という従来のやり方が韓国のさらなる経済発展にとっての制約になると共に、他方で、周辺諸国や資本主義世界経済は、もはや韓国経済が自由主義的なグローバルな市場経済という規範から逸脱することを許容しなくなったからだと考えられる。

5 こうした解法の典型的なものは、一九六五年の日韓国交正常化交渉に伴う日韓基本条約と日韓請求権協定に対する解釈であった。前者に関して、一九一〇年の韓国併合に至る日韓間の諸条約の法的効力に関して、日本政府は、当時は有効であったが四五年になって無効になったと解釈したのに対して、韓国政府は、当時から強制によるものであり無効であったと解釈した。そうした対立を「already null and void（もはや無効）」という英文を作成して、どちらの解釈の余地も残した。日韓請求権協定に関しては、日本政府は、韓国に供与した経済協力は、あくまで経済協力、独立祝賀金というような性格であり、その結果として韓国が日本に対して持つ請求権が解消したと解釈した。しかし、韓国政府は、あくまで韓国の対日請求権という権利として無償三億ドル、有償二億ドルを獲得したと解釈した。協定の文言としてはどちらとも解釈できるようなものであった。

6 一〇・四南北共同宣言は正式には「南北関係の発展と平和繁栄のための宣言」と名付けられた。盧武鉉政権は自らの対北朝鮮政策を「平和繁栄政策」であると呼んだことが反映される。

7 この言葉は、金正日が一九九八年に提示した北朝鮮の国家目標であり、「思想・政治強国」「軍事強国」「経済強国」から構成される。二〇一二年、即ち故金日成主席の生誕一〇〇年にあたる年までに、北朝鮮を「強盛大国」にすることを掲げた。しかし、その後「強盛国家」という表現に変えられるようになり、二〇一一年末、金正日の死後、金正恩《キムジョンウン》体制下では、あまり使われなくなった。

8 一九九七年末に金正日が提示した、軍重視の政治方式を意味するものであり、父金日成とは異なり軍隊経験のない金正日が軍の支持を獲得するために軍重視の姿勢を示したものと考えられる。

9 北朝鮮平壌の大同江《テドンガン》ぞいに「祖国解放戦争勝利記念館」が存在し、公開されている。

10 韓国において最も積極的な対北朝鮮政策を実施した金大中政権の対北朝鮮和解協力政策においても、「吸収統一の排除」を掲げた。これは、一義的には、そうした韓国の姿勢を北朝鮮に示すことによって、韓国に対する北朝鮮の警戒感を緩和することを狙ったものであるが、それだけでなく、性急な統一が韓国社会にもたらす負の部分を意識した側面もある。

第六章

1 国連統計によれば、二〇一〇年、日本のGDPは約五兆七〇〇〇億米ドルであるのに対して、中国のGDPは約六兆米ドルであり、中国が日本を追い越した。二〇一五年時点では、日本のGDPが約四兆四〇〇〇億米ドルであるのに対して、中国のGDPは、日本の二倍以上の一一兆二〇〇〇億米ドルになっている。

2 韓国の二〇一六年の対中貿易額は約二一〇〇億米ドルであり、対日貿易額の七〇〇億米ドル、対米貿易額の一一〇〇億米ドルの合計額よりも多い。

3 北朝鮮の貿易に関して、二〇一五年、北朝鮮の対中貿易額は、全貿易額の九一・三%を占める。

4 こうした内容は、六者協議の唯一の共同声明である、二〇〇五年九・一九共同宣言に含まれた。

5 日本の核武装に対しては、日本国民の八〇・三%が反対であるのに対して、韓国の核武装に関しては韓国国民の五九・〇%が賛成だという調査結果が出ている。この世論調査は二〇一六年六月から七月にかけて、日本の言論NPOと韓国の東アジア研究院が実施したものである。言論NPO・東アジア研究院『第4回日韓共同世論調査　日韓世論比較結果』二〇一六年七月、二九頁（http://www.genron-npo.net/world/4thjapankorea160720.pdf）（最終閲覧日二〇一七年二月一八日）。但し、韓国の場合、本当に核武装が可能であると考え、それを支持するというよりも、核武装は諸事情により可能ではないと考えているからこそ、その不満のはけ口として賛成が多くなっているという側面もある。いずれにしても、この調査結果の違いが、日韓における反核感情に大きな乖離があることを示していることだけは確かである。

6 例えば、これは小説の話であるが、韓国の核武装が日韓間の領土問題と関連づけられて正当化されることもある。この小説に関しては金辰《キムジン》明《ミョン》（方千 秋《パンチョンチュ》訳）『ムクゲノ花ガ咲キマシタ 上下』徳間書店、一九九四年、を参照されたい。

7 朝鮮戦争以後、韓国軍の作戦統制権は駐韓米軍が握っていた。これは、李承晩政権による韓国軍の北進を含む「暴走」を米国が抑止するためのものであった。その後、そうした危険性が減少したこともあり、一九九四年に平時における作戦統制権は韓国に返還された。その後、盧武鉉政権下で、戦時における作戦統制権を韓国に移管することに米韓は合意した。しかし、北朝鮮の核ミサイル開発による緊張の高まりに対応して、李明博政権下と朴槿恵政権下で、二度にわたり、韓国側の要請に基づいて、移管が延期された。これは、対韓防衛に関する米国の関与を確実にするためには、駐韓米軍司令官に戦時作戦統制権を掌握してもらった方がよいという韓国の保守政権の判断が働いた結果である。

8 二〇〇九年与野党政権交代によって登場した鳩山由紀夫政権が「東アジア共同体」という外交目標を掲げたが、これは相対的に、日米関係と日中関係とのバランスをとるという発想に基づくものであった。

9 朴槿恵大統領は在任期間中、合計六回の中韓首脳会談を習近平主席との間で行った。

第七章

1 一九七〇年代田中角栄政権の外相として日中国交正常化を達成し、六〇年代と七〇年代の日本外交において重要な役割を果たした大平正芳は、一九六五年の日韓国交正常化直前、韓国『東亜日報《トンアイルボ》』の東京特派員であった権五琦《クォノギ》に対して「社会党は自分たちで日朝国交正常化をやりたいから、私に日韓をはやくまとめてくれと盛んに言ってくる。（中略）アメリカは朝鮮半島の南に一〇〇%、ソ連や中国は北朝鮮に一〇〇%の影響力を持っている一方で、アメリカは北朝鮮に零%、ソ連や中国は南には零%です。日本はアメリカ陣営に属していますが、南に七〇%、北朝鮮に三〇%程度の影響力を持ちたいところです」と語ったという。

第八章

1 二〇一四年一二月、韓国の憲法裁判所は、韓国の「左派」政党である統合進歩党に対して解散を命令した。統合進歩党が「親北（朝鮮）」「従北」であり、憲法の定めた政党の要件である「民主的基本秩序に反する」ことを理由として掲げた。これは、韓国政治空間において依然として重大な制約があることを示している。

参考文献

第一章

ベネディクト・アンダーソン（白石隆・白石さや訳）『定本 想像の共同体――ナショナリズムの起源と流行』書籍工房早山、二〇〇七年

木宮正史『国際政治のなかの韓国現代史』山川出版社、二〇一二年

金栄作《キムヨンジャク》『韓末ナショナリズムの研究』東京大学出版会、一九七五年

木村幹『朝鮮／韓国ナショナリズムと「小国」意識――朝貢国から国民国家へ』ミネルヴァ書房、二〇〇〇年

アーネスト・ゲルナー（加藤節監訳）『民族とナショナリズム』岩波書店、二〇〇〇年

添谷芳秀『日本の「ミドルパワー」外交――戦後日本の選択と構想』ちくま新書、二〇〇五年

月脚達彦『朝鮮開化思想とナショナリズム：近代朝鮮の形成』東京大学出版会、二〇〇九年

朴慶植《パクギョンシク》『日本帝国主義の朝鮮支配（上）（下）』青木書店、一九七三年

グレゴリー・ヘンダーソン（鈴木沙雄・大塚喬重訳）『朝鮮の政治社会――朝鮮現代史を比較政治学的に初解明《渦巻型構造の分析》』サイマル出版会、一九七三年

森山茂徳『近代日韓関係史研究：朝鮮植民地化と国際関係』東京大学出版会、一九八七年

Gregg A. Brazinsky, *Nation Building in South Korea: Koreans, Americans, and the Making of a Democracy*, The University of North Carolina Press, 2009.

Barry K. Gills, *Korea versus Korea: A Case of Contested Legitimacy*, Routledge, 1996.

Andrei N. Lankov, *Crisis in North Korea: The Failure of De-Stalinization, 1956*, University of Hawaii Press, 2007.

James Palais, *Politics and Policy in Traditional Korea*, Harvard University Press, 1991.

최영종《チェヨンジョン》『동아시아의 전략적 지역주의 : 중 - 일 경쟁과 중견국가의 역할（東アジアの戦略的地域主義：中日競争と中堅国家の役割）』아연출판부（亜研出版部）、二〇一六年

第二章

カーター・J・エッカート（小谷まさ代訳）『日本帝国の申し子――高敞の金一族と韓国資本主義の植民地起源 1876―1945』草思社、二〇〇四年

ブルース・カミングス（鄭敬謨《チョンギョンモ》／林哲《イムチョル》／加地永都子訳）『朝鮮戦争の起源1 1945年―1947年：解放と南北分断体制の出現』明石書店、二〇一二年

姜東鎮《カンドンジン》『日本の朝鮮支配政策史研究――1920年代を中心として』東京大学出版会、一九七九年

木宮正史「日本の安全保障と朝鮮半島」木宮正史編『シリーズ　日本の安全保障　6　朝鮮半島と東アジア』岩波書店、二〇一五年

金栄作『韓末ナショナリズムの研究』東京大学出版会、一九七五年

木村幹『韓国における「権威主義的」体制の成立――李承晩政権の崩壊まで』ミネルヴァ書房、二〇〇三年

佐藤誠三郎「近代化への分岐――李朝朝鮮と徳川日本」『「死の跳躍」を越えて：西洋の衝撃と日本』都市出版、一九九二年（元の論文の発表年は一九八〇年）

崔文衡《チェムンヒョン》（朴菖熙《パクチャンヒ》訳）『日露戦争の世界史』藤原書店、二〇〇四年

月脚達彦『朝鮮開化思想とナショナリズム：近代朝鮮の形成』東京大学出版会、二〇〇九年

長田彰文『日本の朝鮮統治と国際関係――朝鮮独立運動とアメリカ　1910―1922』平凡社、二〇〇五年

波田野節子『李光洙《イグァンス》――韓国近代文学の祖と「親日」の烙印』中公新書、二〇一五年

堀和生『朝鮮工業化の史的分析』有斐閣、一九九五年

森山茂徳『日韓併合』吉川弘文館、一九九二年

和田春樹『北朝鮮現代史』岩波新書、二〇一二年

第三章

李昊宰《イホジェ》（長澤裕子訳）『韓国外交政策の理想と現実』法政大学出版局、二〇〇八年
カーター・J・エッカート（小谷まさ代訳）『日本帝国の申し子　高敞の金一族と韓国資本主義の植民地起源　1876―1945』草思社、二〇〇四年
ブルース・カミングス（鄭敬謨／林哲／加地永都子訳）『朝鮮戦争の起源1　1945年―1947年：解放と南北分断体制の出現』明石書店、二〇一二年
木宮正史『国際政治のなかの韓国現代史』山川出版社、二〇一二年
木宮正史「冷戦と経済協力：1960年代」李鍾元《リージョンウォン》・木宮正史・磯崎典世・浅羽祐樹『戦後日韓関係史』有斐閣、二〇一七年
金成玟《キムソンミン》『戦後韓国と日本文化――「倭色」禁止から「韓流」まで』岩波現代全書、二〇一五年
木村幹『韓国における「権威主義的」体制の成立――李承晩政権の崩壊まで』ミネルヴァ書房、二〇〇三年
鐸木昌之『北朝鮮――社会主義と伝統の共鳴』東京大学出版会、一九九二年
I・F・ストーン（内山敏訳）『秘史　朝鮮戦争　上下』新評論社、一九五二年
徐《ソ》仲錫《ジュンソク》（林哲《イムチョル》・金美恵《キムミヘ》・曹宇浩《チョウホ》・李柄輝《イビョンフィ》・崔徳孝《チェドツキョ》・村上尚子訳）『現代朝鮮の悲劇の指導者たち：分断・統一時代の思想と行動』明石書店、二〇〇七年
宋炳巻《ソンビョングォン》『東アジア地域主義と韓日米関係』クレイン、二〇一五年
沈志華（朱建栄訳）『最後の「天朝」――毛沢東・金日成時代の中国と北朝鮮　上』岩波書店、二〇一六年
水野直樹・文京洙《ムンギョンス》『在日朝鮮人――歴史と現在』岩波新書、二〇一五年
趙甲済《チョウカプチェ》（永守良孝訳）『朴正熙――韓国近代革命家の実像』亜紀書房、一九九一年
朴根好《パクグンホ》『韓国の経済発展とベトナム戦争』御茶の水書房、一九九三年

尹《ユン》景《ギョン》徹《チョル》『分断後の韓国政治——一九四五〜一九八六』木鐸社、一九八六年
李鍾元「韓日会談とアメリカ」『国際政治』一〇五号、一九九四年
李鍾元『東アジア冷戦と韓米日関係』東京大学出版会、一九九六年
和田春樹『北朝鮮現代史』岩波新書、二〇一二年

Charles K. Armstrong, *Tyranny of the Weak: North Korea and the World, 1950-1992*, Cornell University Press, 2013.
Robert M. Blackburn, *Mercenaries and Lyndon Johnson's "More Flags": The Hiring of Korean, Filipino and Thai Soldiers in the Vietnam War*, Mcfarland & Co Inc Pub, 1994.
Carter J. Eckert, *Park Chung Hee and Modern Korea: The Roots of Militarism, 1866-1945*, Belknap Press : An Imprint of Harvard University Press, 2016.
Andrei N. Lankov, *Crisis in North Korea: The Failure of De-Stalinization, 1956*, University of Hawaii Press, 2007.

南基《ナムギ》正《ジョン》『기지국가의 탄생 일본이 치른 한국전쟁（基地国家の誕生——日本が行った朝鮮戦争）』서울（ソウル）大学校出版文化院、二〇一六年
都《ト》珍淳《ジンスン》『한국 민족주의와 남북관계（韓国民族主義と南北関係）』서울（ソウル）大学校出版部、一九九七年
徐《ソ》希《ヒ》慶《ギョン》『대한민국 헌법의 탄생 한국 헌정사 만민공동회에서 제헌까지（大韓民国憲法の誕生——韓国憲政史 万民共同会から制憲まで）』創批、二〇一二年
洪《ホン》錫《ソ》律《ギュル》『통일문제와 정치 사회적 갈등（統一問題と政治社会的葛藤）：1953——1961』서울（ソウル）大学校出版部、二〇〇一年

韓国政府法制処ウェブサイト http://www.law.go.kr/lsInfoP.do?lsiSeq=53081&ancYd=19480717&ancNo=00001&efYd=19480717&nwJoYnInfo=N&efGubun=Y&chrClsCd=010202#0000。（最終閲覧日二〇一七年二月一三日）

韓国政府「北韓法制情報センター」ウェブサイト http://newworld.moleg.go.kr/KP/law/23273?astSeq=582（最終閲覧日二〇一七年二月一三日）
韓国政府法制処ウェブサイト、http://www.law.go.kr/lsInfoP.do?lsiSeq=53191&ancYd=19621226&ancNo=00006&efYd=19631217&nwJoYnInfo=N&efGubun=Y&chrClsCd=010202#0000（最終閲覧日二〇一七年二月一四日）

第四章

青地晨・和田春樹『日韓連帯の思想と行動』現代評論社、一九七七年
市川正明編『朝鮮半島近現代史年表・主要文書』原書房、一九九六年
小此木政夫「新冷戦下の日米韓体制――日韓経済協力交渉と三国戦略協調の形成」小此木政夫・文正仁《ムンジョンイン》編『市場・国家・国際体制』慶應義塾大学出版会、二〇〇一年
木宮正史「韓国の民主化運動――民主化への移行過程との関連を中心にして」坂本義和編『世界政治の構造変動　第4巻　市民運動』岩波書店、一九九五年
木宮正史「一九六〇年代韓国における冷戦外交の三類型：日韓国交正常化、ベトナム派兵、ASPAC」小此木政夫・文正仁編『市場・国家・国際体制』、慶應義塾大学出版会、二〇〇一年
木宮正史「韓国外交のダイナミズム：特に一九七〇年代初頭の変化を中心に」小此木政夫・張達重《チャンダルジュン》編『戦後日韓関係の展開』慶應義塾大学出版会、二〇〇五年
木宮正史「朝鮮半島冷戦の展開：グローバル冷戦との『乖離』、同盟内政治との連携」『アジア研究』第五二巻二号、二〇〇六年
木宮正史「朴正熙政権の対共産圏外交：1970年代を中心に」『現代韓国朝鮮研究』一一号、二〇一一年
木宮正史『国際政治のなかの韓国現代史』山川出版社、二〇一二年
木宮正史「日韓外交協力の軌跡とその現在的含意」木宮正史・李元徳《イウォンドク》編『日韓関係史　1965―2015　Ⅰ　政治』東京大学出版会、二〇一五年

木宮正史「一九七〇年代朝鮮半島冷戦に関する試論的考察：グローバル冷戦のデタント化と韓国外交」『思想』二〇一六年七月号
木宮正史「1970年代第三世界をめぐる南北外交競争と韓国外交」『現代韓国朝鮮研究』第一六号、二〇一六年
木宮正史「冷戦の変容と関係の緊密化：一九七〇年代」李鍾元・木宮正史・磯崎典世・浅羽祐樹『戦後日韓関係史』有斐閣、二〇一七年
金正濂《キムジョンニョム》『韓国経済の発展：「漢江の奇跡」と朴大統領』サイマル出版会、一九九一年
渋谷仙太郎『南朝鮮の反日論――日本の新膨脹主義批判』サイマル出版会、一九七三年
鐸木昌之『北朝鮮首領制の形成と変容――金日成、金正日から金正恩へ』明石書店、二〇一四年
隅谷三喜男『韓国の経済』岩波新書、一九七六年
池明観《チミョングァン》『池明観自伝――境界線を超える旅』岩波書店、二〇〇五年
朴正熙《パクチョンヒ》『国家・民族・私：朴正熙選集2』鹿島研究所出版会、一九七〇年
朴正熙（金定 漢《キムジョンハン》訳）『民族の底力』サンケイ新聞社出版局、一九七三年
平岩俊司『朝鮮民主主義人民共和国と中華人民共和国「唇歯の関係」の構造と変容』世織書房、二〇一〇年
黄 義珏《ファンウィガク》（大阪経済法科大学経済研究所韓国経済研究会編訳）『韓国と北朝鮮の経済比較』大村書店、二〇〇五年
古野喜政『金大中事件の政治決着――主権放棄した日本政府』東方出版、二〇〇六年
山本剛士『日朝関係――発展する経済交流』教育社、一九七八年
劉仙姫《ユソンヒ》「朴正熙政権における対国連外交（1969年―76年）」『現代韓国朝鮮研究』第一一号、二〇一一年
渡辺吉鎔《キルヨン》『韓国言語風景――揺らぐ文化・変わる社会』岩波新書、一九九六年
Charles K. Armstrong, *Tyranny of the Weak: North Korea and the World, 1950–1992*, Cornell University Press, 2013.
Carter J. Eckert, *Park Chung Hee and Modern Korea: The Roots of Militarism, 1866–1945*, Belknap Press: An Imprint of Harvard University Press, 2016.

Sung Gul Hong, "The Search for Deterrence: Park's Nuclear Option," Byung-Kook Kim and Ezra F. Vogel, eds., *The Park Chung Hee era : The Transformation of South Korea*, Harvard University Press, 2013.
中央日報社『光復三〇年主要資料集』一九七五年
韓国外交通商部『韓国外交六〇年』二〇〇九年
韓国外交通商部『外交白書　二〇一〇年』二〇一一年
洪錫律『분단의 히스테리：공개문서로 보는 미중관계와 한반도（分断のヒステリー：公開文書で見る米中関係と朝鮮半島）』創批、二〇一二年
国連経済統計 http://unstats.un.org/unsd/economic_main.htm（最終閲覧日二〇一七年二月一五日）
北朝鮮に関する国家委員会 NCNK（The National Committee on North Korea), Issue Brief: DPRK, Diplomatic Relations, http://www.ncnk.org/resources/publications/NCNK_Issue_Brief_DPRK_Diplomatic_Relations.pdf（最終閲覧日二〇一七年二月一五日）

第五章

林東源《イムドンウォン》（波佐場清訳）『南北首脳会談への道——林東源回顧録』岩波書店、二〇〇八年
大西裕『先進国・韓国の憂鬱——少子高齢化、経済格差、グローバル化』中公新書、二〇一四年
木宮正史「序論　構造変容に直面し漂流する日韓関係」木宮正史・李元徳編『日韓関係史　1965—2015　Ⅰ　政治』東京大学出版会、二〇一五年
金淑賢《キムスッキョン》『中韓国交正常化と東アジア国際政治の変容』明石書店、二〇一〇年
金大中（波佐場清・康宗憲《カンジョンホン》訳）『金大中自伝Ⅱ　歴史を信じて——平和統一への道』岩波書店、二〇一一年

William J. Perry, *My Journey at the Nuclear Brink*, Stanford Security Studies, 2015.
Joel S. Wit, Daniel Poneman, Robert L. Gallucci, *Going Critical: The First North Korean Nuclear Crisis*, Brookings Inst Press, 2005.

김병조《キムビョンジョ》「한국인의 통일인식（韓国人の統一認識）２００７～２０１５：세대별 격차와 세대내 분화（世代別格差と世代内分化）」『통일과 평화（統一と平和）』第七巻第二号、二〇一五年
金泳三《キムヨンサム》『金泳三大統領回顧録　上』朝鮮日報社、二〇〇一年
韓国外交部『外交白書　一九九六』
韓国統一研究院『二〇〇九北韓概要』二〇〇九年

国連経済統計　http://unstats.un.org/unsd/economic_main.htm（最終閲覧日二〇一七年二月一五日）
韓国政府統一部南北会談本部ウェブサイト http://dialogue.unikorea.go.kr/preView/rkPxj1NBGoyCSNBJVnFccRiV33xjU1iAiZQ7KELrMJvEdTJXOljCa050gwERBifSALsJDkpdk5mjnM2PEvA/view.htm（最終閲覧日二〇一七年二月一八日）
韓国政府統一部『北韓情報 portal』http://nkinfo.unikorea.go.kr/nkp/overview/nkOverview.do?sumryMenuId=PO003（最終閲覧日二〇一七年二月一八日）

第六章

金辰明《キムジンミョン》（方千《バンチョン》 秋《チュ》訳）『ムクゲノ花ガ咲キマシタ　上下』徳間書店、一九九四年
添谷芳秀『米中の狭間を生きる（韓国知識人との対話 Ⅱ）』慶應義塾大学出版会、二〇一五年

Michael J. Mazarr, *North Korea and the Bomb: A Case Study in Nonproliferation*, Palgrave Macmillan, 1997.

大韓貿易振興公社（ＫＯＴＲＡ）『二〇一五北韓対外貿易動向』二〇一六年
日本政府外務省ウェブサイト http://www.mofa.go.jp/mofaj/area/n_korea/6kaigo/ks_050919.html（最終閲覧日二〇一七年二月一八日）
言論ＮＰＯ・東アジア研究院『第４回日韓共同世論調査　日韓世論比較結果』二〇一六年七月、http://www.genron-npo.net/world/4thjapankorea160720.pdf）（最終閲覧日二〇一七年二月一八日）
国連経済統計 https://unstats.un.org/unsd/snaama/dnlList.asp（最終閲覧日二〇一七年二月一八日）
韓国政府統計庁 http://kosis.kr/statisticsList/statisticsList_01List.jsp?vwcd=MT_ZTITLE&parentId=N（最終閲覧日二〇一七年二月一八日）

第七章

梶村秀樹「東アジア地域における帝国主義体制への移行」『梶村秀樹著作集　第二巻　朝鮮史の方法』明石書店、一九九三年（元の論文の発表年は、一九八一年）
木宮正史「序論　構造変容に直面し漂流する日韓関係」木宮正史・李元徳編『日韓関係史　1965―2015　Ⅰ　政治』東京大学出版会、二〇一五年
木宮正史「日本の安全保障と朝鮮半島」木宮正史編『シリーズ　日本の安全保障　6　朝鮮半島と東アジア』岩波書店、二〇一五年
木宮正史「日韓関係：非対称的な相互補完から対称的な競合へ」大矢根聡・大西裕編『ＦＴＡ・ＴＰＰの政治学――貿易自由化と安全保障・社会保障』有斐閣、二〇一六年
木宮正史「冷戦の変容と関係の緊密化：一九七〇年代」李鍾元・木宮正史・磯崎典世・浅羽祐樹『戦後日韓関係史』有斐閣、二〇一七年
金恩貞《キムウンジョン》「日韓会談請求権問題における日本政府の政策的連続性：『経済協力方式』の起源と妥結」『現代韓国朝鮮研究』一

五号、二〇一五年
金鍾泌《キムジョンピル》著・中央日報金鍾泌証言録チーム編（木宮正史監訳・若杉美奈子・小池修訳）『金鍾泌証言録』新潮社、二〇一七年
木村光彦『北朝鮮の経済――起源・形成・崩壊』創文社、一九九九年
權五《クォノ》琦《ギ》・若宮啓文『韓国と日本国』朝日新聞社、二〇〇四年
高一《コイル》『北朝鮮外交と東北アジア一九七〇―一九七三』信山社、二〇一〇年
佐藤誠三郎「近代化への分岐――李朝朝鮮と徳川日本」『「死の跳躍」を越えて：西洋の衝撃と日本』都市出版、一九九二年（元の論文の発表年は一九八〇年）
高崎宗司『植民地朝鮮の日本人』岩波新書、二〇〇二年
高崎宗司『「妄言」の原形――日本人の朝鮮観〔定本〕』木犀社、二〇一四年
張博珍《チャンバクチン》「日韓会談における被害補償交渉の過程分析：「賠償」・「請求権」・「経済協力」方式の連続性」李鍾元・木宮正史・浅野豊美編著『歴史としての日韓国交正常化I――東アジア冷戦編』法政大学出版局、二〇一一年
月脚達彦『福沢諭吉と朝鮮問題：「朝鮮改造論」の展開と蹉跌』東京大学出版会、二〇一四年
月脚達彦『福沢諭吉の朝鮮：日朝清関係のなかの「脱亜」』講談社選書メチエ、二〇一五年
朴正鎮《パクジョンジン》『日朝冷戦構造の誕生』平凡社、二〇一二年
林建彦『朴正熙の時代――韓国「上からの革命」の十八年』悠思社、一九九一年
水野直樹・文京洙『在日朝鮮人――歴史と現在』岩波新書、二〇一五年
森山茂徳『日韓併合』吉川弘文館、一九九二年
和田春樹『北朝鮮：遊撃隊国家の現在』岩波書店、一九九八年
日本政府外務省ウェブサイト http://www.mofa.go.jp/mofaj/kaidan/s_koi/n_korea_02/sengen.html（最終閲覧日二〇一七年二月一八日）

日本政府総理官邸ウェブサイト http://www.kantei.go.jp/jp/97_abe/discource/20150814danwa.html（最終閲覧日二〇一七年二月一八日）

第八章

市川正明編『朝鮮半島近現代史年表・主要文書』原書房、一九九六年
木宮正史「韓国の民主化運動――民主化への移行過程との関連を中心にして」坂本義和編『世界政治の構造変動　第4巻　市民運動』岩波書店、一九九五年
木宮正史「日韓外交協力の軌跡とその現在的含意」木宮正史・李元徳編『日韓関係史　1965―2015　Ⅰ　政治』東京大学出版会、二〇一五年
金鍾泌著・中央日報金鍾泌証言録チーム編（木宮正史監訳・若杉美奈子・小池修訳）『金鍾泌証言録』新潮社、二〇一七年
黄《ファン》 義珏《ウィガク》（大阪経済法科大学経済研究所韓国経済研究会編訳）『韓国と北朝鮮の経済比較』大村書店、二〇〇五年
白楽晴《ベクナクチョン》（青柳純一訳）『朝鮮半島の平和と統一――分断体制の解体期にあたって』岩波書店、二〇〇八年
尹景徹『分断後の韓国政治　一九四五～一九八六』木鐸社、一九八六年
李鍾元『東アジア冷戦と韓米日関係』東京大学出版会、一九九六年

	(GSOMIA) の締結 12/9 韓国国会、朴槿恵大統領に対する弾劾訴追を可決	
2017	3/10 韓国憲法裁判所、朴槿恵大統領の罷免を決定 5/9 文在寅、第19代大統領に当選	9/3 第6回核実験 11/29 米本土を射程に収める弾道ミサイル火星15型の発射実験

		明星3号・2号機）の打ち上げ
2013		2/12 第3回核実験 3/31 朝鮮労働党中央委員会全員会議で経済建設と核兵力建設の並進路線を提唱
2014	4/16 セウォル号転覆事件：死者304名 10/23 戦時作戦統制権の韓国への移管を再延期 12/19 韓国憲法裁判所が統合進歩党に対する解散命令	5/26～28 日朝政府間協議@ストックホルム 5/29 日朝ストックホルム合意：北朝鮮は日本人拉致被害者の再調査を約束し、特別委員会を設置する一方、日本は調査開始時に独自制裁を一部解除することに決めた。
2015	6/1 中韓自由貿易協定調印 9/2～4 朴槿恵大統領の訪中：抗日戦争戦勝70周年記念式典の軍事パレードに出席 12/28 日韓外相会談で慰安婦問題に関する政府間合意	5/8 戦略潜水艦発射弾道弾・北極星1号の水中試験発射を実施
2016		1/6 第4回核実験
	2/10 韓国政府が開城工業団地の全面中断を発表	
	9/30 韓国政府、高高度迎撃ミサイルシステムTHAADの駐韓米軍への配備を決定（2017.3/17配備開始）：中韓間の摩擦高まる。 11/23 日韓軍事情報包括保護協定	5/6~9 朝鮮労働党第7回党大会で金正恩が党委員長に就任 6/29 最高人民会議第13期第4次会議で金正恩が国務委員会委員長に就任 9/9 第5回核実験

<table>
<tr><td></td><td colspan="2">10/2~4 盧武鉉大統領、訪朝、第2回南北首脳会談：
10/4 南北関係の発展と平和繁栄のための宣言</td></tr>
<tr><td></td><td>12/19 李明博、第17代大統領に当選</td><td></td></tr>
<tr><td>2008</td><td colspan="2">7/11 北朝鮮人民軍兵士が韓国人観光客を射殺：金剛山観光事業中断</td></tr>
<tr><td>2009</td><td></td><td>4/5 銀河2号ロケット（通信衛星光明星2号）打ち上げ
5/25 第2回核実験</td></tr>
<tr><td>2010</td><td colspan="2">3/26 西海（黄海）で韓国軍哨戒艦天安号が沈没し死者46名：
5/24に北朝鮮の攻撃によるものであると韓国政府が発表</td></tr>
<tr><td></td><td>6/27 戦時作戦統制権の韓国軍への返還を延期</td><td></td></tr>
<tr><td></td><td colspan="2">11/23 北朝鮮人民軍、韓国が実効支配し居住者のいる延坪島を砲撃：
軍民4名の死亡</td></tr>
<tr><td>2011</td><td>8/30 慰安婦問題に関する対日交渉の不作為に対する韓国憲法裁判所の違憲判決</td><td>12/17 金正日、死去
12/30 金正恩が朝鮮人民軍最高司令官に就任</td></tr>
<tr><td>2012</td><td>5/24 徴用工問題は解決済みとした既存の判決を破棄し、未解決問題だとする、韓国最高裁判所の判決
6/29 日韓軍事情報包括保護協定（GSOMIA）の締結を韓国がキャンセル
8/10 李明博大統領、竹島上陸：日韓間の緊張高まる。
12/19 朴槿恵、第18代大統領に当選</td><td>2/29 米朝閏日合意：米国の対北朝鮮栄養食品提供、追加的食糧支援の約束との見返りに北朝鮮は長距離ミサイル発射・核実験実施・ウラン濃縮活動の「一時停止」に関する国際原子力機関（IAEA）の監視の受け入れを表明
4/11 朝鮮労働党第4回党代表者会で金正恩が党第1書記に就任
12/12 銀河3号ロケット（通信衛星光</td></tr>
</table>

<table>
<tr><td></td><td>10/7～10 金大中大統領、訪日：小渕恵三首相との間で日韓パートナーシップ宣言
10/20 第1次対日大衆文化開放措置</td><td>サイル・テポドン1号）を打ち上げ、日本列島を越えて三陸沖に落下</td></tr>
<tr><td>1999</td><td>4/6 TCOG（日米韓・対北朝鮮政策調整グループ会議）発足</td><td></td></tr>
<tr><td>2000</td><td colspan="2">6/13～15 金大中大統領、訪朝、金正日国防委員会委員長との首脳会談：
6・15南北共同宣言</td></tr>
<tr><td></td><td>12/13 金大中大統領ノーベル平和賞受賞決定</td><td>10/9～12 趙明禄国防委員会第1副委員長の訪米：クリントン米大統領と面会
10/23～25 オルブライト米国務長官の訪朝：金正日国防委員会委員長と会談</td></tr>
<tr><td>2002</td><td>5/31～6/30 日韓共催ワールドカップ開催
12/19 盧武鉉、第16代大統領に当選</td><td>9/17 小泉純一郎首相の訪朝、金正日国防委員会委員長との間で首脳会談：日朝平壌宣言</td></tr>
<tr><td>2003</td><td>4/30 韓国軍のイラク派兵開始</td><td></td></tr>
<tr><td></td><td colspan="2">6/30 開城工業団地の着工
8/27～29 朝鮮半島非核化のための6者協議（日米南北中ロ）@北京</td></tr>
<tr><td>2004</td><td colspan="2">2/25～28 第2次6者協議</td></tr>
<tr><td></td><td></td><td>5/22 小泉首相再訪朝：拉致被害者家族5名の帰国</td></tr>
<tr><td></td><td colspan="2">6/23～26 第3次6者協議</td></tr>
<tr><td>2005</td><td colspan="2">7/26～8/7・9/13～19 第4次6者協議：
9・19 共同声明（北朝鮮の核開発放棄とそれに対する見返りが盛り込まれる）</td></tr>
<tr><td>2006</td><td></td><td>10/9 第1回核実験</td></tr>
<tr><td>2007</td><td colspan="2">2/8～13 第5次6者協議で共同声明実施のための「初期段階措置」に合意
3/19～2008 12/11 第6次6者協議：
2007.10/3 共同声明実施のための「第二段階措置」に合意</td></tr>
<tr><td></td><td>6/30 米韓自由貿易協定調印</td><td></td></tr>
</table>

<table>
<tr><td></td><td colspan="2">調印：南北の事実上の相互承認と相互内政不干渉</td></tr>
<tr><td></td><td></td><td>12/28 羅津・先鋒自由経済貿易地帯の設置</td></tr>
<tr><td>1992</td><td colspan="2">1/20 非核化共同宣言：南北で核兵器を生産しない、保有しない、
使用しないことに対する合意とそのための南北核統制共同委員会の設立に合意</td></tr>
<tr><td></td><td>8/24 中韓国交正常化
12/18 金泳三、第14代大統領に当選</td><td></td></tr>
<tr><td>1993</td><td></td><td>3/12 核拡散防止条約からの脱退を通告</td></tr>
<tr><td>1994</td><td>11/30 米韓平時作戦統制権を韓国軍に返還（但し、戦時は米軍が掌握）</td><td>6/15~17 カーター米元大統領の訪朝、金日成との会談：緊張が高まる第1次米朝核危機が緩和される。
7/8 金日成、死去
10/18 米朝ジュネーブ枠組み合意：北朝鮮の核開発凍結とそれに対する見返りに関する米朝間の合意
12/15 軍事停戦委員会から中国人民志願軍が撤収し、朝鮮人民軍板門店代表部を設置</td></tr>
<tr><td>1995</td><td colspan="2">3/9 朝鮮半島エネルギー開発機構（KEDO）設立</td></tr>
<tr><td></td><td>6/27 35年ぶりに地方自治体首長選挙実施</td><td></td></tr>
<tr><td>1996</td><td>12/12 韓国 OECD（経済協力開発機構）加盟：経済先進国への仲間入り</td><td></td></tr>
<tr><td>1997</td><td>4/17 全斗煥・盧泰愚に対する有罪判決（12/22 に恩赦）
11/21 韓国政府、IMF（国際通貨基金）に緊急支援要請：IMF 経済危機</td><td>10/8 金正日、朝鮮労働党総書記に就任</td></tr>
<tr><td></td><td colspan="2">12/9~10 4者会談（米・中・韓・北朝鮮）@ジュネーブ
（第2次 1998.3/16~21、第3次 10/21~24、第4次 1999.1/18~22、
第5次 4/24~27、第6次 8/5~9）</td></tr>
<tr><td></td><td>12/18 金大中、第15代大統領に当選</td><td></td></tr>
<tr><td>1998</td><td></td><td>8/31 「白頭山1号」ロケット（弾道ミ</td></tr>
</table>

<table>
<tr><td></td><td>を指向
9/17～10/2 ソウルオリンピック開催</td><td>12/6 米朝参事官級接触</td></tr>
<tr><td>1989</td><td>1/1 ハンガリーとの国交樹立</td><td>7/1～8 第13回世界青年学生祭典@平壌</td></tr>
<tr><td>1990</td><td>6/4 韓ソ首脳会談(盧泰愚・ゴルバチョフ) @サンフランシスコ：韓ソ国交正常化に合意</td><td>5/28 朝鮮戦争時の米兵遺骨の発掘・返還</td></tr>
<tr><td></td><td colspan="2">9/4～7 第1次南北高位級会談@ソウル
(10/16～19 第2次@平壌、12/11～14 第3次@ソウル、
1991.10/22～25 第4次@平壌、12/10～13 第5次@ソウル、
1992.2/18～21 第6次@平壌、5/5～8 第7次@ソウル、
9/16～19 第8次@平壌)</td></tr>
<tr><td></td><td>10/1 韓ソ国交正常化</td><td>9/24～28 日本の自民党・社会党代表団の訪朝：朝鮮労働党との間で日朝国交正常化交渉の開始に合意する3党共同宣言</td></tr>
<tr><td>1991</td><td>3/26 基礎自治体地方議会議員選挙
6/20 広域地方自治体議会議員選挙：30年ぶりに地方自治の復活</td><td>1/30～31 日朝国交正常化第1回本会談@平壌(第2回 3/11～12@東京、第3回 5/20～22@北京、第4回 8/30～9/2@北京、第5回 11/18～20@北京、第6回 1992.1/30～2/1@北京、第7回 5/13～15@北京、第8回 11/5@北京、第9回 2000.4/5～7@平壌、第10回 8/21～25@東京、第11回 10/30～31@北京、第12回 10/29～30@クアラルンプール)</td></tr>
<tr><td></td><td colspan="2">9/17 南北国連同時加盟
12/13 南北基本合意書(南北間の和解不可侵及び交流協力に関する合意書)</td></tr>
</table>

<table>
<tr><td></td><td>12/6 崔圭夏が第10代大統領に選出される。
12/12 12・12軍内クーデタにより全斗煥国軍保安司令官ら新軍部勢力が軍を掌握する。</td><td></td></tr>
<tr><td>1980</td><td>5/18~27 光州民衆抗争：戒厳軍により弾圧され200名あまりの死者
8/27 全斗煥が第11代大統領に就任
10/27 第5共和国発足</td><td>1/12 南北首相会談を提案
10/10~14 朝鮮労働党第6回党大会：金日成主席が南北連邦制統一案を発表</td></tr>
<tr><td>1982</td><td>3/18 釜山米文化センター放火事件
9/1 大韓航空機がソ連軍戦闘機により撃墜される。</td><td></td></tr>
<tr><td>1983</td><td>1/11~12 中曽根康弘首相、訪韓</td><td></td></tr>
<tr><td></td><td colspan="2">10/9 ラングーン事件：北朝鮮工作員による爆弾テロ
ビルマ訪問中の全斗煥大統領殺害未遂事件</td></tr>
<tr><td>1984</td><td>9/6 ~8 全斗煥大統領、訪日</td><td>1/10 韓国、米国、北朝鮮の3者会談を提案</td></tr>
<tr><td>1985</td><td>5/23~26 韓国の学生らによるソウル米文化センター占拠事件</td><td></td></tr>
<tr><td></td><td colspan="2">9/20~23 南北離散家族の南北相互訪問</td></tr>
<tr><td></td><td></td><td>12/12 北朝鮮が核拡散防止条約（NPT）に加盟</td></tr>
<tr><td>1987</td><td>1/14 ソウル大生朴鍾哲君拷問致死事件
6 6月民主化抗争
6/29 6・29宣言：与党大統領候補である盧泰愚が野党の要求する大統領直接選挙制への憲法改正を受け入れることなどを骨子とする民主化措置を表明</td><td></td></tr>
<tr><td></td><td colspan="2">11/29 北朝鮮によるビルマ沖での大韓航空機爆破事件</td></tr>
<tr><td></td><td>12/16 盧泰愚、第13代大統領に当選</td><td></td></tr>
<tr><td>1988</td><td>7/7 盧泰愚大統領、7・7宣言：南北の相互交流と国際社会における南北共存</td><td></td></tr>
</table>

	4/3 民青学連事件で朴正熙大統領、緊急措置第4号布告 8/15 朴正熙大統領狙撃事件：陸英修大統領夫人、死亡	2/11~13 朝鮮労働党中央委員会第5期第8次全員会議が開催され、金正日が政治委員会委員に選出され、後継体制が可視化する。 3/25 北朝鮮最高人民会議が米国議会に米朝平和協定の締結を求める書簡を送る。
1975	5/13 朴正熙大統領、緊急措置第9号布告	
	8/25 ペルー・リマでの非同盟外相会議で北朝鮮の加盟が承認され、韓国の加盟が否決される。	
1976	3/1 3・1民主救国宣言	8/18 ポプラの木事件：板門店でポプラの木の剪定をめぐる争いで朝鮮人民軍兵士が米軍将校2人を斧で殺害：北朝鮮の野蛮行為に対する国際世論の批判が高まる。
1977	3/9 カーター米大統領が駐韓米地上軍の撤退を表明（但し1979.7/20 凍結）	
1978	7/6 統一主体国民会議が朴正熙を第9代大統領に選出 11/7 米韓連合軍司令部の設置（米軍が韓国軍作戦統制権を継続して掌握）	
1979	7/1 朴正熙大統領・カーター米大統領、北朝鮮に対して、米・韓・朝の3者会議を提案 8/11 YH 貿易事件 10/16 釜馬事態：維新体制に対する反対運動が釜山・馬山地域を中心に盛り上がる。 10/26 朴正熙大統領が金載圭韓国中央情報部部長によって殺害される。	7/10 北朝鮮、3者会議の提案を拒否

<table>
<tr><td></td><td>11/13 ソウルの平和市場労働者、全泰壹が労働条件の改善を要求し焼身自殺する。</td><td>11/2~13 朝鮮労働党第5回党大会</td></tr>
<tr><td>1971</td><td colspan="2">9/20 南北赤十字第1回予備会談</td></tr>
<tr><td></td><td>4/27 朴正熙大統領が第7代大統領選挙で当選</td><td></td></tr>
<tr><td></td><td colspan="2">7/9 キッシンジャー米大統領補佐官、極秘訪中
7/15 72年2月のニクソン米大統領の訪中を発表</td></tr>
<tr><td></td><td>12/6 国家非常事態宣言</td><td></td></tr>
<tr><td>1972</td><td colspan="2">2/21~28 ニクソン米大統領の訪中：上海コミュニケ合意</td></tr>
<tr><td></td><td></td><td>5/26 金日成が対米関係改善の意向を表明（ニューヨークタイムズとのインタビュー）</td></tr>
<tr><td></td><td colspan="2">5/2~5 李厚洛（韓国中央情報部部長）、平壌訪問：金日成と面会
5/29~6/1 朴成哲（北朝鮮第2副首相）、ソウル訪問：朴正熙と面会
7/4 7・4南北共同声明：民族統一3原則（自主・平和・民族大団結）に合意
8/29~9/2 第1回南北赤十字本会談@平壌
（9/12~16 第2回@ソウル、10/23~26 第3回@平壌、11/22~24 第4回@ソウル、1973.3/20~23 第5回@平壌、5/8~11 第6回@ソウル、7/10~13 第7回@平壌）</td></tr>
<tr><td></td><td colspan="2">9/25~29 田中角栄首相の訪中：日中国交正常化</td></tr>
<tr><td></td><td>10/17 非常戒厳令布告：国会解散、憲法の効力停止
11/21 維新憲法成立</td><td></td></tr>
<tr><td></td><td colspan="2">11/30~12/2 南北調節委員会第1回本会議@ソウル
（1973.3/14~16 第2回@平壌、6/12~14 第3回@ソウル）</td></tr>
<tr><td></td><td>12/23 統一主体国民会議が朴正熙を第8代大統領に選出</td><td>12/25~28 最高人民会議第5期第1次会議：社会主義憲法制定・金日成、国家主席に就任</td></tr>
<tr><td>1973</td><td>6/23 平和統一外交政策に関する大統領特別声明（6・23宣言）：「2つのコリア」政策（国連機関への南北同時加盟、対共産圏外交、北朝鮮との既修交国との国交など）
8/8 東京で、金大中拉致事件</td><td>6/23 祖国統一5大方針：「1つのコリア」政策（高麗連邦共和国の国号で南北が1つの国としての国連加盟を主張し、南北同時国連加盟やクロス承認を「分断の固定化」だとして拒絶）</td></tr>
<tr><td>1974</td><td>1/8 朴正熙大統領、緊急措置第1号・第2号布告</td><td></td></tr>
</table>

	選（12/17 第3共和国発足）	
1964	6/3 6・3事態：日韓国交正常化への反対運動の激化とそれに対する非常戒厳令宣布 12/3～1965.6/22 第7次日韓会談 12/6～15 朴正熙大統領、西ドイツ訪問	
1965	6/22 日韓基本条約と付属の4協定調印 9/25 南ベトナムへの戦闘部隊派遣	4/10～21 金日成のインドネシア訪問（金正日同行）：「思想における主体・政治における自主・経済における自立・国防における自衛」を主張
1966	3/7 ブラウン覚書：米国のベトナム増派要請に対する見返りに関する合意	10/5～12 第2回朝鮮労働党代表者会で人民経済発展7ヵ年計画（1961～67）の3年延長を決定 10/19 朝鮮人民軍空軍部隊を北ベトナムに派兵
1967	5/3 朴正熙大統領が大統領選挙で再選	
1968	1/21 北朝鮮武装ゲリラ部隊（31人）による青瓦台（韓国大統領府）襲撃未遂事件：韓国軍の発表では30人死亡、1人（金新朝）は韓国に帰順	
		1/23 米海軍情報船プエブロ号を北朝鮮が拿捕し、乗組員を抑留
1969		4/15 米海軍偵察機 EC-121を北朝鮮が撃墜
	7/26 ニクソン米大統領、グアム・ドクトリンを発表：アジアの戦争に対する米国地上軍の不介入	
	10/17 3選改憲の成立	
	11/21 佐藤・ニクソン日米首脳会談：「韓国条項（韓国の安全は日本の安全にとって緊要である）」に合意	
1970	7/5 米国政府が駐韓米軍の削減を韓国政府に通告 8/15 朴正熙大統領の北朝鮮に対する「善意の競争」提案 8/24 アグニュー米副大統領、訪韓：駐韓米軍削減問題に関する討議	

1960	4/19 4月学生革命 4/27 李承晩大統領、辞任 6/15 内閣責任制への憲法改正（第2共和国発足） 8/23 張勉内閣成立 12/25~1961.5/15 第5次日韓会談	8/14 金日成が「統一までの過渡的な措置」として「南北連邦制」を提案
1961	5/16 5・16軍事クーデタ 6/10 韓国中央情報部設置 7/4 反共法公布 7/22 経済企画院設置 10/20~1964.6/3 第6次日韓会談 11/11~13 朴正熙国家再建最高会議議長訪日：池田勇人首相との会談 11/13~25 朴正熙議長、訪米：ケネディ米大統領との会談	6/29~7/15 金日成（首相）、ソ連・中国訪問 7/6 ソ朝友好協力相互援助条約締結 7/11 中朝友好協力相互援助条約締結 9/11~18 朝鮮労働党第4回党大会：人民経済発展7ヵ年計画（1961~67）を採択
1962	1/13 第1次経済開発5ヵ年計画の樹立 6/9 通貨改革：基幹工業建設優先のための内資動員を企図 11/12 金鍾泌（初代・韓国中央情報部部長）・大平正芳（外相）会談で日韓国交正常化交渉の請求権問題に関する妥結（無償3億米ドル、有償2億米ドル）：金・大平メモ	10/12 中朝間で国境画定条約締結 12/10 朝鮮労働党第4期第5次全員会議で4大軍事路線（全人民の武装化・全国土の要塞化・全軍の幹部化・全軍の現代化）採択 12/13 日韓会談に対抗する3者（日本・北朝鮮・韓国）会談の提案
1963	10/15 朴正熙が第5代大統領選挙で当	

	韓国軍作戦統制権を掌握） 10/6～10/21　第3次日韓会談：久保田発言により決裂	
1954	4/26~6/15　ジュネーブ会議	
	11/29　四捨五入改憲により、李承晩の任期制限が撤廃される。	
1955		12/28　朝鮮労働党中央委員会拡大常務委員会会議で金日成による演説：「思想活動において教条主義と形式主義を一掃し、主体を確立するために」
1956	11/10　進歩党の結成	2/25　ソ連共産党第20回党大会でフルシチョフ第1書記によるスターリン批判の秘密報告：それ以後、スターリン批判が広まる。 4/23～29　朝鮮労働党第3回党大会：金日成の報告：「思想活動は少なからぬ部門で主体がなく、（中略）他人のものを機械的に受け入れ、鵜呑みにする教条的な方法で行われている」 8/30～31　朝鮮労働党中央委員会全員会議：8月宗派事件（反金日成派が金日成を批判）
1958	1/13　進歩党事件：進歩党党首の曺奉岩らを国家保安法違反で逮捕 4/15～1960.4/19　第4次日韓会談	3/3～3/6　朝鮮労働党第1回党代表者会で人民経済発展5ヵ年計画を審議 10/26　中国人民志願軍撤退完了 12/15　南朝鮮労働党の指導者朴憲永がアメリカのスパイ容疑で死刑判決を受け処刑される。
1959	7/31 曺奉岩、処刑される。	12/14　在日朝鮮人の北朝鮮への帰還が開始される。

	挙の実施	7/1 北朝鮮において朝鮮労働党（北朝鮮労働党＋南朝鮮労働党）成立
	韓国（大韓民国）	**北朝鮮（朝鮮民主主義人民共和国）**
	8/15 大韓民国樹立	9/9 朝鮮民主主義人民共和国樹立 12/26 北朝鮮からソ連軍撤退完了
1949	6/29 韓国からの米軍撤退完了	2/22~4/7 金日成首相・朴憲永外相の訪ソ
	10/1 中華人民共和国の成立	
1950		3/30~4/25 金日成首相・朴憲永外相の訪ソ：朝鮮戦争開戦に対するスターリン（ソ連共産党書記長）の承認 5/13~15 金日成首相・朴憲永外相の訪中：朝鮮戦争開戦に対する毛沢東（中国共産党中央委員会主席）の承認
	6/25 朝鮮戦争勃発	
	6/27 トルーマン米大統領による米軍出動命令 7/7 国連安保理による国連軍派遣決議 9/15 国連軍、仁川上陸作戦を敢行 10/9 国連軍38度線を越えて北進 11/30 トルーマン米大統領、原爆使用の可能性に言及	10/19 中国人民志願軍の参戦
1951	7/10 停戦会談開始	
	10/20~12/22 日韓予備会談	
1952	1/18 韓国による李承晩ライン設定 2/15~4/26 第1次日韓会談 7/7 抜粋改憲：韓国における大統領直接選挙制への改憲	
1953	4 総合雑誌『思想界』創刊	3/5 スターリンの死去
	7/27 停戦協定調印	
	4/15~7/23 第2次日韓会談 10/1 米韓相互防衛条約調印（米軍が	

<table>
<tr><td>1937</td><td colspan="2">3/10 重要産業統制法を朝鮮に施行
6/4 金日成部隊、普天堡で警察を襲撃
7/7 日中戦争勃発</td></tr>
<tr><td>1938</td><td colspan="2">5/5 国家総動員法を朝鮮に施行
7/7 国民精神総動員朝鮮連盟の結成</td></tr>
<tr><td>1939</td><td colspan="2">9 朝鮮人の日本への労務動員開始</td></tr>
<tr><td>1940</td><td colspan="2">9/17 大韓民国臨時政府、重慶に韓国光復軍司令部を設置</td></tr>
<tr><td>1941</td><td colspan="2">4/13 日ソ中立条約調印
12/8 太平洋戦争開始
12/9 大韓民国臨時政府、対日宣戦布告</td></tr>
<tr><td>1943</td><td colspan="2">10/20 朝鮮人学徒志願兵制度実施
11/22～12/1 連合国によるカイロ会談・カイロ宣言：適切な時期を経て朝鮮の独立を認めることに合意</td></tr>
<tr><td>1944</td><td colspan="2">8/10 呂運亨ら、建国同盟（非合法）を結成</td></tr>
<tr><td>1945</td><td colspan="2">8/9 ソ連軍、対日参戦、朝鮮への進撃開始
8/15 日本の敗戦により朝鮮が解放され、朝鮮建国準備委員会結成
8/16 米ソで北緯38度線を占領の境界に画定</td></tr>
<tr><td></td><td>米軍政下南部朝鮮</td><td>ソ連占領下北部朝鮮</td></tr>
<tr><td></td><td></td><td>8/25 ソ連軍、平壌進駐</td></tr>
<tr><td></td><td colspan="2">9/6 朝鮮人民共和国樹立宣言（米軍政庁はこれを認めず）</td></tr>
<tr><td></td><td>9/20 38度線以南で米軍政庁設立</td><td>9/19 金日成、元山に上陸
10/13 朝鮮共産党北朝鮮分局設置</td></tr>
<tr><td></td><td colspan="2">12/27 モスクワ米英ソ3国外相会議：朝鮮に対する国際信託統治案を発表（即時独立の猶予）</td></tr>
<tr><td>1946</td><td colspan="2">3/20 第1次米ソ共同委員会開催（5/6 決裂）</td></tr>
<tr><td></td><td>7/25 南部朝鮮で左右合作委員会発足
10/1 南部朝鮮大邱で10月人民抗争開始
11/23 南朝鮮労働党創立（朝鮮共産党＋朝鮮新民党＋朝鮮人民党）</td><td>8/28 北朝鮮労働党（北朝鮮共産党＋朝鮮新民党）創立大会</td></tr>
<tr><td>1947</td><td colspan="2">5/21 第2次米ソ共同委員会開催（7/10決裂）</td></tr>
<tr><td></td><td>7/19 呂運亨暗殺、左右合作運動の挫折</td><td></td></tr>
<tr><td>1948</td><td>4/3 済州島4・3抗争開始
5/10 南朝鮮単独での制憲国会議員選</td><td></td></tr>
</table>

年　表

（朝鮮は1895年までは太陰暦を採用していた。本年表では、それを太陽暦に換算し、そのうえでカッコの中に太陰暦の日を記した）

1875	9/20～23 江華島事件（旧暦では8/20～23）
1876	2/27 日朝修好条規調印（旧暦では2/3）
1882	7/23 壬午軍乱：親中政権の成立（旧暦では6/9）
1884	12/4 甲申政変：金玉均らによる反中クーデタとその挫折（旧暦では10/17）
1894	4～1895.3 甲午農民戦争（旧暦では3～1895. 2） 7/25 日清戦争開戦（旧暦では6/23）
1895	4/17 下関条約（日本の勝利）（旧暦では3/23） 10/7～8 王后（閔妃）殺害事件（旧暦では8/19～20）
1896	2/11 露館播遷：親露政権の成立
1897	10/12 大韓帝国の成立
1904	2/8 日露戦争勃発 2/23日韓議定書調印 8/22 第1次日韓協約調印：日本人財政顧問の設置
1905	7/29 桂・タフト協定：朝鮮における日本の勢力圏をアメリカが認める。 9/5 ポーツマス条約調印：朝鮮における日本の優位が確立 11/17 乙巳保護条約（第2次日韓協約）調印
1907	7/24 丁未七条約（第3次日韓協約）調印
1909	10/26 安重根、ハルビン駅で伊藤博文を射殺
1910	8/22 韓国併合に関する条約調印 8/29 韓国併合：国号を朝鮮に改める。 12/29 会社令公布
1912	8/13 朝鮮土地調査令公布・施行
1918	6/26 李東輝ら、ハバロフスクで韓人社会党を結成
1919	3/1 三・一独立運動起きる。 4/11 上海フランス租界で大韓民国臨時政府結成 10/5 金性洙ら、京城紡績株式会社を設立
1920	12/27 産米増殖計画樹立
1925	4/17 朝鮮共産党創立
1927	2/15 新幹会創立：抗日独立運動における左右両派の協力の試み
1931	9/18 満州事変起きる。
1935	7 東北人民革命軍、東北抗日連軍に改編
1936	8/25 東亜日報などが、ベルリン・オリンピックのマラソン優勝者・孫基禎の表彰式の写真から胸の日章旗を抹消した記事を掲載

は行

ま行

や行・ら行

人名索引

あ行

か行

さ行

た行

な行

木宮 正史（きみや・ただし）

一九六〇年生まれ。東京大学大学院法学政治学研究科博士課程単位取得退学。高麗大学大学院政治外交学科博士課程修了。専攻は、政治学、国際関係論、朝鮮半島地域研究。現在、東京大学教授。主な著書に、『韓国―民主化と経済発展のダイナミズム』（ちくま新書）、『朴正熙政府の選択：1960年代輸出指向型工業化と冷戦体制（韓国語）』（フマニタス）、『国際政治のなかの韓国現代史』（山川出版社）など。

叢書　東アジアの近現代史　第4巻

ナショナリズムから見《み》た韓国《かんこく》・北朝鮮《きたちょうせん》近現代史《きんげんだいし》

二〇一八年一月三〇日第一刷発行

著　者　木宮《きみや》　正史《ただし》　©Tadashi Kimiya 2018

発行者　鈴木　哲

発行所　株式会社　講談社
東京都文京区音羽二―一二―二一　〒一一二―八〇〇一
電話　〇三―五三九五―三五一二（編集）
〇三―五三九五―四四一五（販売）
〇三―五三九五―三六一五（業務）

装幀者　高見清史

印刷所　慶昌堂印刷株式会社

製本所　黒柳製本印刷株式会社

本文データ制作　講談社デジタル製作

定価はカバーに表示してあります。
落丁本・乱丁本は購入書店名を明記のうえ、小社業務あてにお送りください。
送料小社負担にてお取り替えいたします。
なお、この本についてのお問い合わせは、「学術図書」あてにお願いいたします。

ISBN 978-4-06-220967-0
Printed in Japan　N.D.C.220　307p　19cm

池内敏・岡本隆司 責任編集

叢書 東アジアの近現代史 刊行予定

1 清朝の興亡と中華のゆくえ
岡本隆司（京都府立大学教授）＝既刊

2 対立と共存の日中関係史——共和国としての中国
中村元哉（津田塾大学教授）＝既刊

3 日本人の朝鮮観はいかにして形成されたか
池内敏（名古屋大学教授）＝既刊

4 ナショナリズムから見た韓国・北朝鮮近現代史
木宮正史（東京大学教授）＝本書

5 近代日本の膨張と中国・朝鮮・台湾
奈良岡聰智（京都大学教授）

6 台湾と琉球からのまなざし——親日と反日の帰趨
池内敏・岡本隆司 編

（第5巻以降は、仮題）